Vom Lebenssinn des Weissen Kreuzes auf dem roten Grund

von
Hans Kaspar Schwarz

© Hans Kaspar Schwarz
neu herausgegeben von Tanja Alexa Holzer
und der Stiftung Hans Kaspar Schwarz,
www.shks.ch
Vorwort von Marius André Holzer

Coverbild © Hilde Reiser Schwarz & Hans Kaspar
Schwarz,
Coverdesign © Wortfeger Media GmbH

3. Auflage
Herausgeber, Wortfeger Media GmbH
www.Wortfeger.ch
November 2014

ISBN 978-3-906095-22-6

Herstellung: BoD – Books on Demand, Norderstedt
Die Deutsche und Schweizer Nationalbibliotheken verzeichnen
diese Publikation in der Nationalbibliografie; detaillierte
bibliografische Daten sind im Internet über
www.dnb.de und www.nb.admin.ch abrufbar.

Inhalt

Vorwort von Marius André Holzer
Enkel und Stiftungsratsmitglied SHKS

Als Feldzeichen wurden Banner im Krieg mitgeführt. Seit Mitte des 13. Jahrhunderts war es für die Schwyzer eine rote Fahne, welche später mit der Arma Christi, dem Folterwerkzeug der Kreuzigung, ergänzt wurde. Historischen Überlieferungen zufolge trugen die alten Eidgenossen in der Schlacht von Laupen erstmals Kreuze aus weissen Stoffstreifen als gemeinsames „überkantonales" Erkennungszeichen. Jedoch erst 1815, im Rahmen der Restauration, setzte sich das weisse Kreuz auf dem roten Schild gesamtschweizerisch durch.

Der Ursprung der Schweizer Fahne ist schnell erzählt und ohnehin nicht Kern der vorliegenden Schrift. Die Bildsprache hingegen, insbesondere die Bedeutung des gewählten Symbols und der Farben, offerierten dem Kunstmaler, Architekten, und Autor Hans Kaspar Schwarz, den idealen Einstieg zur kritischen Betrachtung unserer Gesellschaft.

Angetrieben von der Frage, was für die Menschheit heute als Wichtigstes zu tun sei, und geführt von Rudolf Steiners Ideal einer Gesellschaft, der Dreigliederung des sozialen Organismus, diskutiert der Autor Herausforderungen, mit denen wir uns seit Menschengedenken auseinandersetzen dürfen. In 14 Abschnitten führt Hans Kaspar Schwarz durch historische Anekdoten und Erzählungen, von Niklaus von Flüe über Henry Dunant, bis hin zur Lage der Schweiz im Herzen Europas in der Nachkriegszeit. Seine Beobachtungen und Empfehlungen sind überraschend zeitlos und finden auch heute im 21. Jahrhundert ihren Anwendungs- und Geltungsbereich.

Entstand die Schrift mitten im überwundenen Kalten Krieg, sind wir heute immer noch umgeben von Konflikten und Anspannungen, die sich regelmässig mit unvorstellbarer Gewalt entladen. Wären die nach Rudolf Steiner beschriebenen Subsysteme unserer Gesellschaft, das Geistes-, Rechts-, und Wirtschaftsleben, im Gleichgewicht, so argumentiert Hans Kanspar Schwarz, wären solche Konflikte praktisch undenkbar.

Meine Schwester und ich wuchsen im Atelierhaus des Künstlerpaares Hans Kaspar und Christine Schwarz-Thiersch auf. Wir engagieren uns als ihre Enkel und gemeinsam mit weiteren Nachkommen sowie Freunden des Künstlerpaares, um ihr Schaffen zu erhalten. Dies geschieht nicht zuletzt mit dieser Neuauflage und der Stiftung Hans Kaspar Schwarz.

Weitere Informationen finden Sie unter www.shks.ch.
Wir wünschen Ihnen eine inspirierende Lektüre.

Marius André Holzer

Vorwort

Diese Schrift ist an kein bestimmtes Zeit- oder politisches Geschehnis gebunden. Hingegen kann jedes von Menschen verursachte Ereignis mit ihr nicht nur eine Beziehung haben, sondern gerade die Berechtigung und Notwendigkeit von ihr aufzeigen.

Statt irgendeines Beispiels soll etwas, das im Zeitpunkt der Drucklegung stattfand, hier angeführt sein.

In der Juli-Ausgabe (1963) der unabhängigen Zeitschrift „Die Kommenden" wurde im Leitartikel dargelegt, dass die Übereinkunft der führenden Häupter Deutschlands mit dem amerikanischen Präsidenten: ein Wirtschaftsimperium, eine wirtschaftliche Vereinigung des Westens sei das wichtigste Problem heute, „den Keim des Zerstörens in sich trägt und zu einem Auslöschen all dessen führen muss, was durch die Geschichte als eine besondere Aufgabe Mitteleuropas für die Zukunft der Menschheit veranlagt wurde". „Selbstaufgabe Mitteleuropas" wird es dort genannt.

Warum soll diese Feststellung, die weiter nicht begründet ist, mehr als eine Behauptung sein, heute, wo in Europa und in Amerika die Wirtschaft so herrlich blüht, wo die Landwirtschaft, die chemische-technische Industrie auf Höhepunkten stehen wie noch nie, wo in den USA den Landwirten Prämien bezahlt werden für Felder, die 10 Jahre lang brach liegen bleiben (bei 5 Millionen Arbeitslosen dort und das Vielfache von Hungernden anderswo)?

Wenn man die Wesenheit des Menschen phänomenologisch betrachtet, wie es hier versucht ist, so bekommt obige Feststellung einen ganz anderen Aspekt, wie auch sonst in dieser Schrift – einer Studienarbeit über das Weisse Kreuz auf dem roten Grund – Sachen als Ungeheuerlichkeiten angesprochen werden können, die aber nicht vom Verfasser ausgedacht sind, sondern von der Ausdruckskraft des Zeichens sich offenbaren und nicht wegdisputiert oder weggewünscht werden können, so wenig wie die Existenz dieses Zeichens selbst.

Wenn ich also diesem Buch den Titel gebe: „Vom Lebenssinn des Weissen Kreuzes im roten Feld", so darf nicht eine Schilderung vom üblichen Gebrauch dieses Zeichens erwartet werden. Denn im gewohnten Gebrauch unterscheidet es sich nicht von anderen Landesabzeichen, und es kommt auch nichts von dem zur Geltung, was in ihm liegt.

Und wenn ich es in aller Bescheidenheit überschreibe: In Erinnerung an Roman Boos, so geschieht das deshalb, weil Roman Boos – ein kolossaler Schüler Rudolf Steiners – in vielen seiner Schriften und vielleicht in allen sozial-wissenschaftlichen Vorträgen, die ich hörte, in irgendeinem Zusammenhang einen Hinweis oder eine Anspielung machte auf das Weisse Kreuz im roten Feld. Es gab mir jedes Mal einen Stich oder Anpuff an die Brust, ob er jetzt Näheres ausführe. Aber nein. Es war, als ob dieses Zeichen wie eine segnende Hand über alle seine Reden, seine gesprochenen und geschriebenen Worte sich hielte, ohne dass er kaum je eine weitere Silbe darüber sprach. Seine rechtlichen Forderungen und grossen Aspekte über Europa und das Menschentum hat er meist mit einer Andeutung vom Abzeichen von Europas Mitte – dem Weissen Kreuz auf dem roten Grund – abgeschlossen in einer, ich möchte sagen, eminenten, bewundernswerten Voraussicht und ebensolchem

Vertrauen. Es war ihm aber nicht beschieden, dieses Gebiet ausarbeiten zu können. Es fiel einem zu, dem die Farbenlehre Goethes sich ganz naiv und ursprünglich ins Herz einsengte zugleich mit den Geschichts-, Studien- und Vortragsabenden von C. Englert-Faye, die ihm die Seele und die totale Möglichkeit zum Leben öffneten.

Begrüssung

Liebe Leser!

Zum Beginn fühle ich mich gedrängt, Euch persönlich mit ein paar Worten zu begrüssen, nur stelle ich mir die Frage: Wie macht man das in diesem Fall? Denn je nachdem, wo man hingeht, grüsst man etwas anders. Vor einem Beethovenkonzert wird man andere Worte gebrauchen als am Bahnhof vor dem Jura-Express, auf dem Weg zum Mittagessen andere als beim Skifahren, wenn man aneinander vorbeiflitzt oder miteinander zu einem Ziel sich trifft. Und jetzt, wo gehen wir jetzt hin? In das so ungewisse Zeitalter der Atomkräfte, oder sind wir nicht schon mittendrin? Ist denn nicht noch alles gleich? Eigentlich sollte man jedes Mal, wenn man sich begegnet, heute sagen statt: „Wie geht's: So bist Du auch noch da? Wir sind noch da?!" Ist es übertrieben, so erstaunt zu sein? Wenn man das menschlich-seelische Leben etwas studiert hat, so weiss man, wie viel Unbewusstes geschieht, wie viel aus der Willkür entspringt. Und wenn man auf sich selber achtet, merkt man es auch. Und dort, bei den atomaren Erforschungen, die auch aus der Willkür entstanden sind, ohne Bewusstsein auf das Resultat, wenn auch noch so viel Denkarbeit und Fleiss und Arbeitstrieb vorausgingen, dort ist man besonders der Willkür Einzelner ausgesetzt – einzelner, zwar sehr willensstarker, aber einseitigen Persönlichkeiten, indem diese ja nur politisch-militärisch und wirtschaftlich-ideologisch handeln. Wenn man schon gehört hat von der Dreigliederung des sozialen Organismus, in welchem alles soziale Leben aus den drei Aspekten bestehen muss, dem Wirtschaftsleben, dem politischen- oder

Rechtsleben und dem Geistesleben, dann wird die Sache interessant. Dann wird man eher die politischen Führer der Machtblöcke verstehen, die unter einem Zwang handeln, in einer Einseitigkeit und Unvollkommenheit. Und bei dieser Unvollkommenheit sind wir alle einer Willkür ausgesetzt, einem Denken jener, oder man kann sagen, einem dunkel über einem hängenden Schicksal.

Darum ist der einigermassen erstaunte Gruss – „so, wir leben noch" – doch gewiss berechtigt, ja ich möchte mir und möchte Euch gratulieren, dass wir noch da sind. Und somit wollen wir in unserem Dasein noch möglichst Vernünftiges tun, jeder an seinem Ort und angeregt durch das Wort von Freunden, durch Fragen, durch Briefe, durch weitere Ausführung der hier berührten Punkte auf dem Weg, den wir in Gemeinsamkeit jetzt gehen.

Hans Kaspar Schwarz

Einführung

Ich hatte ein Buch geschrieben über: „Das Weisse Kreuz im roten Feld und vom Wesen des Menschen" oder: „Vom roten Kreuz zum weissen Kreuz" oder von der „Bildsprache" desselben oder: „Aqua sulle corde" – der Titel war noch nicht bestimmt –, aber es war zu umfangreich. So habe ich mich entschlossen, es auf den gegenwärtigen Inhalt zu konzentrieren. Das ist nun in 14 kleineren und grösseren Abschnitten – ursprünglich Briefen – geschehen:

Was ist das Wichtigste, das heute in der Menschheit zu tun ist?! Das Wichtigste ist, die einem vom Leben geschenkten Aufgaben zu der Zeit und an der Stelle, wo man steht, möglichst zu erfüllen.

Diese Feststellung ist nicht neu. Da es aber auf das Wie des Erfüllens ankommt, müssen wir unser Bewusstsein ganz besonders stärken. Wir wollen darum eingehender auf die in der Natur sich zeigenden Lebensbereiche, auf das Mineralreich, das Pflanzenreich, das Tierreich blicken.

Jetzt aber zuerst: In welcher Zeit stehen wir!? Wir stehen in Beginn des siebenten Jahrzehnts des 20. Jahrhunderts, 17 Jahre nach der Hiroshima Bombe. Da kann sich vorläufig jeder genug Vorstellungen machen.

Und an welchem Ort stehen wir? Im Zentrum Europas, aus welchem die Wasser vom Hochgebirge kreuzförmig in alle vier Himmelsrichtungen noch fliessen. Dieses Zentrum besitzt ein Wappen, ein Abzeichen, „Das Weisse Kreuz im roten Feld", von dem wir hier ausführlich immer sprechen werden; denn mit seiner Hilfe kommen wir in die Betrachtung sämtlicher hier drängenden

Lebensfragen hinein. Es figuriert auch mit auf dem Titel des Buches. Ich denke, wer **richtig** ins Lesen hineinkommt, der wird mir recht geben.

Darum bitte ich um etwas Geduld.

I.

Um vom Wesen des Menschen zu schreiben, was nie so dringend war wie heute, nehme ich also zu Hilfe das Zeichen: „Das Weisse Kreuz im roten Feld". Durch längere Ausführungen und Erklärungen soll es in viel weiterem Sinn, als man erwarten kann, in seiner Symbolkraft in Wirksamkeit treten.

Auf die Kraft des Symbols im Allgeneinen hat Johann Jakob Bachofen, Mythen- und Symbolforscher, folgendermassen hingewiesen: „Zu arm ist die menschliche Sprache, um die Fülle der Ahnungen, welche der Wechsel von Tod und Leben wachruft, und jene höheren Hoffnungen, die der Eingeweihte besitzt, in Worte zu kleiden. Das Symbol erweckt Ahnung, die Sprache kann nur erklären. Das Symbol schlägt alle Saiten des menschlichen Geistes zugleich an, die Sprache ist genötigt, sich immer nur einem einzigen Gedanken hinzugeben. Bis in die geheimsten Tiefen der Seele treibt das Symbol seine Wurzel, die Sprache berührt wie ein leiser Windhauch die Oberfläche des Verständnisses. Jenes ist nach innen, diese nach aussen gerichtet ..." (aus „In Versuch über die Gräbersymbolik der Alten", 1. Auflage, Basel, 1859).

So will nun dieses Zeichen wachgerufen sein. Dafür ist es da. Dafür blieb es erhalten und dafür wurde es durch die Geschichte eines Volkes durchgetragen und in die heutige Zeit hineingerettet.

Wir wissen von diesem Zeichen, das die Schweiz als ihr Landesabzeichen führt, nicht viel mehr als eben dies. Es rührt im aktivsten Fall etwas an unsere Sentimentalität, an unser Heimatgefühl (obwohl es nicht uns gehört, was ich begründen werde). Mehr ist es uns nicht.

Warum soll es denn, wird mancher fragen? Damit wir nicht weiter schlafen, damit wir wacher werden, unsere einzige Rettung!

Das Weisse Kreuz im roten Feld wird nun, vorerst rein äusserlich, beschrieben seiner Form und seiner Farbe nach. Das Kreuz hat ein senkrechtes und ein waagrechtes Element. Gerade gegen oben, gegen unten, auf beide Seiten hin hat es etwas Aufgerichtetes, Tragendes und sogar Ertragendes. Das Kreuz ist mitten in einem roten Feld, mit gleichem Abstand von allen Seiten. Das gleichmässige Rot ist nur dort nicht vorhanden, wo eben das Weisse Kreuz sich befindet.

Weiss ist Ausdruck von Reinheit, Ruhe, Frieden, ist Farbe des Lichtes. Rot ist Farbe des Blutes, des vitalen Lebens; es ist im Verkehrsleben Ausdruck der Gefahr: Achtung, aufgepasst! Ja, aufgepasst! Es ist auch, Wie man sagt, die Farbe der Herzkräfte, der Leidenschaft.

Eine kleine Farbenlehre soll uns helfen, diese Farben besser erleben zu können. Farben umgeben uns täglich und überall. Sie sollten uns besser bekannt sein. Warum ist der Himmel blau?

Manches, was ich hier schreibe, wird nicht neu sein, dennoch muss ich, abgekürzt, mehr von den Farben, und auf meine Weise sagen, denn gerade über das Blau des Himmels habe ich schon hochgelehrtesten Unsinn gelesen.

Newton sagte, das weisse Licht sei zusammengesetzt aus sieben Farben. Durch einen Versuch mit dem Prisma kam er auf diese Idee. In einem einzigen, bestimmten Fall kann es scheinen, als sei es so. Variiert man das Experiment, so stimmt es nicht, also variiert man es nicht, damit man bei dieser Idee bleiben kann. Goethe machte die gleichen Versuche. Doch nur, was sich ihm bei 1000 verschiedenartigen Experimenten und Beobachtungen als Gleiches zeigte, ergab ihm dann die Idee oder das Urphänomen: „Farben sind Taten des Lichts ...“

Das Prisma gibt im Grund nur zwei Farben: Blau und Rot. Alle anderen sind Abschwächungen oder Mischungen derselben.

Ein Lichtstrahl (Sonnenstrahl) wird durch ein Prisma in seiner Richtung verändert (gebrochen). Beim Austritt aus dem Prisma werden seine Ränder unscharf. Der helle Strahl wird einerseits über oder in das Dunkle geschoben, es gibt Blau, anderseits das Dunkle in das Helle hinein, es gibt Rot.

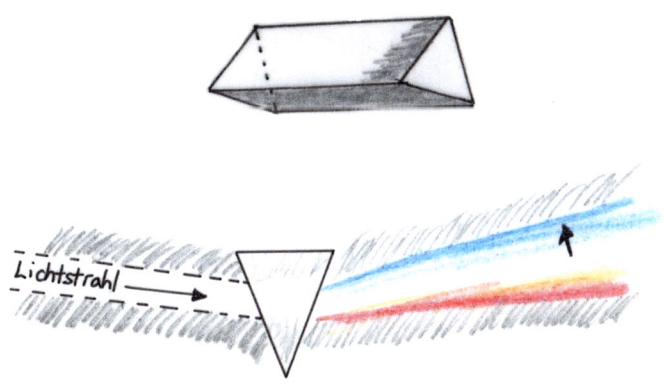

Die Vielfarbigkeit der Lichterscheinungen in der Natur (z.B. beim Regenbogen) sind Mischungen der beiden Farben Rot und Blau. Das können wir auch am Prisma sehen. Bei weiterer Entfernung des Lichtstrahles vom Prisma mischt sich das auslaufende Blau -Hellblau- mit dem beginnenden Rot -Gelb- zu einem leuchtendsten Grün.

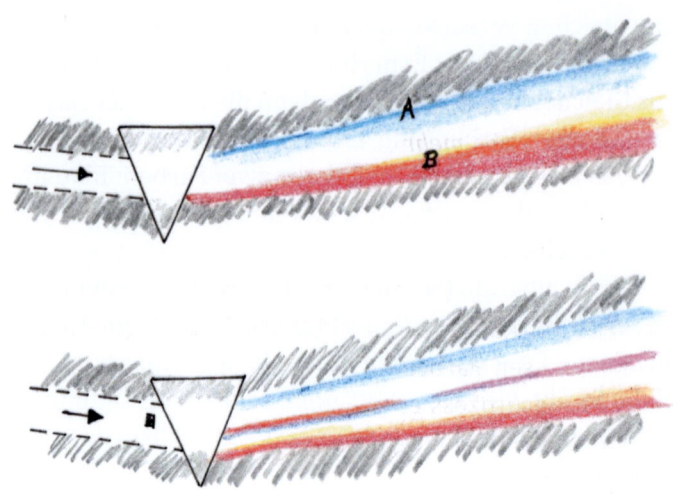

Es hat sich uns also durch das Prisma gezeigt: Wenn das Helle über das Dunkle geschoben ist, entsteht ein Blau, und wenn das Dunkle über das Helle sich legt, ergibt es ein Rot. Im ersten Fall (in der Natur): Wenn die helle, von der Sonne durchleuchtete Luft vor dem dunklen, dem in Wirklichkeit schwarzen Himmel sich befindet, entsteht das Himmelsblau, oder wenn eine tiefe, beleuchtete Luftschicht sich vor ferne, dunkle Felspartien legt, zeigen sich diese in Blau (Blau der fernen Berge).

Im zweiten Fall: Wenn eine weite, durchsichtige Dunstschicht als ein hinderndes Medium sich vor ein Helles oder Leuchtendes legt, zeigt sich das Rot, beispielsweis bei Sonnen- und Mondaufgang.

Das erleben wir jedes Mal und es prägt sich uns ein auf der ganzen Welt, wenn wir die Sonne aufgehen sehen. Darum schon, damit es sich uns einpräge, ist es günstig, auch im Sommer früh aufzustehen.

Rot ist so die Farbe des aufgehaltenen Lichtes.

II.

Es ist interessant zu beobachten, wie die „sinnlich-sittliche Wirkung der Farben", wie Goethe ein Kapitel seiner grossen Farbenlehre überschreibt, genau ihrem Entstehungsprozess entspricht. Blau, das uns erscheint durch die dem Schwarz vorgelagerte durchleuchtete Luft, wirkt, als verwandeltes Schwarz, auf uns ruhig, edel, wunderbar, eben wie etwas Geistiges, wie etwas vom reinen Himmel. Der Mantel der Maria wurde von den Malern immer in Blau dargestellt. Während Rot uns erscheint durch die das weisse Licht hindernde Luftschicht und so für unsere Empfindung etwas Gewalttätiges, Auffallendes, Befehlendes hat.

Der Mantel eines Herrschers war früher in Rot; das Mäntelchen des Mephistos kann man wirklich – brutal – nur rot empfinden. Die Mischung der beiden Farben zu Violett oder Lila (blass rosa-blau) hat auch ihrem Grad entsprechende Wirkungen. Sobald man in der Vorstellung bei ihnen zu verweilen geruht, kommt man von selbst etwas darauf. Hier will ich nicht weiter diese Abwandlungen beschreiben. Dennoch möchte ich noch eines andeuten. Die Steigerung von Rot durch spezielles Blau ergibt Purpur. So wird das Kardinal-Purpur als Farbe von jenem Herrscher gebraucht, dessen Macht sich auch ins geistige Gebiet erstreckt.

Wir können uns leicht die Empfindung für das Rot verstärken, wenn wir uns eine nur rote Fahne für sich allein vorstellen, wie man sie etwa bei bestimmten öffentlichen Umzügen schon zu sehen die Gelegenheit hatte. Dort ist sie uns ein Ausdruck von etwas Aufbegehrendem, von etwas Wollendem, Wildem, fast Verletzendem, Verlangendem; sie ist uns dort ein Zeichen von etwas, das zu einem Umsturz bereit ist, von etwas Herrschendem oder unbeherrscht Revolutionärem, kurz, Ausdruck eines sehr Vital-Lebendigen. Würden wir selbst in einem Umzug eine solche rote Fahne tragen, es geschähe aus einer Begeisterung, einer Empörung, aus Lust zu einer solchen; irgendwie aus einer Leidenschaftlichkeit, aus einer Wut auf irgendetwas. Man möchte mit ihr am liebsten laufen, rennen, stürmen, rufen, mit ihr aufbegehren. Aus welcher Unruhe?

Eine weisse Fahne würde in uns ganz gegenteilige Empfindung auslösen, würde in uns etwas bewirken von Ruhe, Frieden, Stille (man benützt sie ja auch so), etwas von Reinheit, Wahrheit; wir könnten mit ihr nichts schreien, nichts rufen, sie würde gar nicht den Sinn eines demonstrierenden Umzugs entsprechen.

Diese Empfindungen den Farben gegenüber können geübt und gesteigert werden, auch durch das Erleben ihrer Gegensätzlichkeit und, das Wappen betreffend, auch durch das Erleben der Form des Weissen Kreuzes, die ja auch etwas von Achtung Gebietendem, Mahnendem, zur Besinnung Aufforderndem, etwas von einem fest Hingesetzten, ja, auch etwas von einer Art Wille, von einer Art Herrschaft hat.

Diese Empfindungen gilt es zu verstärken durch wiederholte Vergegenwärtigung des Bildes vom Weissen

Kreuz in Farbe und Form. Es gilt, mutig und geduldig zu warten, was denn aus diesen sich mehr und mehr bildenden Empfindungen ersteht. Dieses Weisse Kreuz ist hineingesetzt in das Rot, das uns Ausdruck ist verschiedenartigster menschlicher Stärken und Schwächen, menschlicher Leidenschaften und Kämpfe, menschlicher Anstrengungen und Wünsche, Affekte und Triebe. Stellen wir uns vor, in einer solchen Seelenhaltung oder Einstellung zu sein und durchsetzen diese mit etwas von dem, was das Weisse Kreuz oder auch nur die Farbe desselben in uns bewirkt, mit einem Gefühl von stiller Grösse, von Gleichgewicht, Friedlichkeit, also im Grunde mit etwas Hellem, Wahrem, Kräftigem, dann wird diese Einstellung gewandelt. Wir sind dann wirklich in einer Art Haltung. Wir kommen dann auch zu der Empfindung, dass etwas anderes, etwas von aussen hinein wirkt in unser vitales, natürliches, physisches, teils von selbst (wenn man so sagen darf) ablaufendes Leben, wie es in der Farbe Rot ausgedrückt ist.

Es fängt an, uns bewusst zu werden, dass anderes, etwas von aussen, eine Macht, über die wir gewohnterweise kein klares Bewusstsein haben, in unser Leben eingreift, in ihm eine Wirkung, einen Einfluss ausübt, so wie in das vegetative Pflanzenleben Kräfte von aussen hineinwirken. Das Pflanzenleben kann nicht zur Kenntnis bringen, was in ihm vorgeht, vom Licht der Sonne und vom Wesen der Umgebung. Es vegetiert durch besondere Naturkräfte von selbst. Wir aber haben die Möglichkeit, uns Rechenschaft zu geben über Kräfte und Absichten, die in uns sind und die in unser Leben hineinströmen.

Es kann uns dann aus eigenem Erleben auch bewusst werden, dass wir nicht nur unsertwegen, sondern der Welten wegen da sind.

Der Mensch ist in einem Teil seines Wesens von der physischen Natur und von der Umwelt, was ihm sozusagen wie von selbst zukommt, bestimmt. Er wird gewissermassen in seinem Denken und Schaffen in eine Richtung gebracht. Er glaubt dann in seinen Gefühlen, Wünschen, Hoffnungen und Leidenschaften sich zu erfüllen. Es gibt nur ein Wesen, das seine Lebensfunktion rein und ausschliesslich in diesem Bereich erfüllt, und das ist das Tier. Bei ihm erfüllt sich das Leben vollkommen durch Befriedigung seiner Bedürfnisse und Triebe, seiner Anlagen und Gaben usw. Auch wenn nun beim Menschen ausser seinen Naturgaben und Anlagen noch die Kraft des Denkens da ist, so kann dieses Denken doch auch nur geleitet und geführt sein (wie oft, wie oft?) von Wünschen, Hoffnungen und Leidenschaften, von Gefühlen, Sympathien, von dem, was ihm angenehm oder unangenehm ist. Somit würde sich dieser Teil des menschlichen Wesens im Grunde auch wenig unterscheiden von jenem anderen, der dem Wesen des Tieres naturgemäss entspricht. Wie kann aber das Denken sich nur in den Dienst jener Natur stellen?

Hier wäre ja das ganze Wesen des Menschen eingetaucht in das Rot, während das Weisse Kreuz durch Form und Farbe Bewusstsein direkt bilden will.

Es wurde aufgezeigt, dass Rot die Farbe des aufgehaltenen Lichtes ist. Licht aber in Bezug auf den Menschen ist Bewusstsein.

Wenn sich uns nun wirklich einprägen kann: Rot ist die Farbe des aufgehaltenen Lichts, so soll sich das

Folgende uns auch einprägen: Rot ist die Farbe des aufgehaltenen Bewusstseins.

Des Weiteren empfindet man die Farbe Rot besonders heute als Ausdruck von Gefahr, und es ist wirklich
kein Zufall, sondern Menschheitsschicksal und Realsym-
bol heute, wenn die Farbe Rot als Ausdruck des aufgehaltenen Bewusstseins andererseits und gleichzeitig
Ausdruck von Gefahr ist.

Zu welchen Ungeheuerlichkeiten das aufgehaltene
Bewusstsein, oder das aufgehaltene Licht, führt und führen muss, das muss gerade für unsere Zeit ein allgemeines Anliegen sein.

Möge doch die Hilfe, die von der Schwelle des siebten
Jahrzehnts des 20. Jahrhunderts an durch das Weisse
Kreuz im roten Feld dafür möglich würde, mehr als für
dieses Jahrzehnt eine Überraschung werden.

III.

Ich gehe jetzt davon aus, welche Art Eindrücke man etwa erhalten kann, wenn man einige Zeit dem pulsierenden Leben der Stadt fern war und dann plötzlich unter viele Menschen gerät, im Tram, im Bus. Man sieht überraschend edle Gesichter, ältere Frauen, jüngere; man sieht Männer mit strengen, harmonischen, vertrauenerweckenden Gesichtsausdrücken; man erlebt strahlende Kinder, junge Mädchen mit wunderschönen Zügen und Flechten; man sieht leuchtende Augen - es ist eine Freude.

Auch wenn die Vielfalt der Eindrücke heute einen fast zwingt, achtlos zu sein, muss man sich bemühen, hinzuschauen auf die Menschen, entgegen seinem Instinkt, auch wenn man so viel künstlich Schönes und so viel Unschönes sieht.

Was empfindet man denn als das Unschöne? Man sieht Geplagtes, Apathien; man sieht breite Bequemlichkeit, Trotz und Strenge; man sieht Übermut, Überheblichkeit oder Leere; man sieht Böses – ach so viel Böses. Und man fragt sich: Was ist denn das Böse? Vorerst die Frage: Wird denn nicht so sehr viel getan gegen das Böse? Schule, Geistesleben, Literatur, Kunst, heutige Kunst, Kirche, glauben müssen, national- und parteipolitische Führungen; vor allen Moralforderungen. Ja, die Anstrengungen sind gross, die Mühen, der gute Wille. Der helfenden Hände sind viele. Kennen wir denn so sicher die Motive und Beschaffenheit unserer Anstrengungen, woraus sie bestehen?

Geben wir uns immer Rechenschaft, ob sie dem Wesen des Menschen entsprechen? Gehen wir von der Erkenntnis des Wesens des Menschen aus?

Oh, man könnte von den Bemühungen um das Gute hundertfach mehr, ja ohne Ende sprechen, von den Aufopferungen, der Hingabe, den Begeisterungen zum Guten und Schönen, und doch, dass wir schlimmer dran sind als je, können wir dann erkennen, wenn wir davon Kenntnis nehmen wollen.

Der schönste Garten wird durch stärkere Wachstumskräfte von selbst schiessender Pflanzen überwuchert, das herrlichste Blumenbeet von stärkeren Trieben der Naturkräfte zerstört. Überall in der Natur sieht man die Elementarmächte ohne weiteres, aber im Menschen sieht man sie gar nicht ohne Weiteres.

Wenn gesagt ist, dass Freiheit höchste Errungenschaft der Menschheitszivilisation sei und dass wir schlimmer dran seien als je, so scheint das aber ein Widerspruch zu sein. Es könnte einer sein, wenn diese Errungenschaft Tatsache wäre. Sie ist es aber nicht. Wir walten in gewisser Weise weder mit Freiheit in der Wissenschaft noch im national-politischen Leben, indem wir unter Zwangsverhältnissen stehen, unter solchen, die uns zwingen, treiben, die irgendwie dann besonders stärker sind als unser Wille, solang wir sie nicht kennen oder nicht genügend in gegenwärtigem Bewusstsein tragen.

Was ist denn das, was bei Menschen als das Böse oder Schlechte äusserlich in Erscheinung tritt? Ist es nicht das, was sich ergeben kann aus dem Bedürfnis, frei sein zu wollen, ohne der Freiheit gewachsen zu sein, indem beispielsweise Drang und Trieb mit Freiheit verwechselt werden? Bevor der Wille zur Freiheit aktiviert werden kann, muss der Mensch wissen, welche Mächte ihn binden.

Wo die Kulturkräfte nicht ansetzen, da setzen die Naturkräfte an; beim Menschen sind diese aber etwas Besonderes, und sie werden auch besonders als solche beschrieben werden.

Das ist an sich nicht etwas Neues, und es braucht auch keine neuen Entdeckungen im Gebiet dieser Mächte, aber die Art der Beleuchtung derselben muss aus der drängenden, dringenden Zeit heute neu herausgestellt werden.

Wohl gab es zu allen Zeiten Menschen, die von den des Menschen Entwicklung oder Leben störenden Kräften berichten. Warum ihre Lehren nicht in der nötigen Breite das heutige Leben durchdringen, wie es heute so nötig ist, das wollen wir hier nicht untersuchen.

Damals wäre die Ausbreitung jener Kenntnisse in mancher Weise gegen die Freiheit des Menschen gewesen, weil dieser noch unter der Führung und Autorität alter Traditionen sich gesicherter bewegen und entwickeln konnte als wir heute. Das schon könnte Grund sein, dass die Ausbreitung jener Kenntnisse heute noch wichtiger ist als damals. Ob die Nöte früher geringer waren als jetzt? Kaum. Die waren immer. Nur fehlte damals die Atombombe noch. Die fehlt jetzt nicht mehr. Sicher ist, dass die Menschheit erst durch die materialistische Wissenschaft dazu gebracht werden musste, alle bis dahin geltenden und geübten geistigen Überlieferungen zu verwerfen und in ihrer Entwicklung durch die Periode der äusseren Erfindungen, Erforschungen und grandiosen Entdeckungen oder Entgleisungen hindurch sein musste, um, vielleicht, eine Kraft, Disziplin und Sauberkeit des Denkens den materiellen Dingen gegenüber erworben zu haben, womit sie dann nachher erst bei gleicher Gründlichkeit und gleichem Ernst auch in den geistigen, moralischen Gebieten sich wird bewegen können.

Hätte man in verhältnismässig noch blühenden, ruhigeren Zeiten die hindernden Mächte in den Vordergrund der Erkenntnis gestellt, wären sie bis in die Vergessenheit hinein abgerutscht.

Goethe erkannte seinerzeit die Tragweite der hemmenden Kräfte oder des nicht freien Teiles des menschlichen Wesens so genau, dass er sich von seinem 40. Lebensjahr an täglich und stündlich gewaltig anstrengte, von den in ihm wohnenden Unfreiheiten, von allen seinen von selbst sich einstellenden Fähigkeiten, Begabungen, Wünschen, Sympathien, Antipathien, Naturanlagen sich loszuringen und bewusst nur aus bewusst eingesetzten Kräften zu arbeiten. Er sagte: „Kein Mensch kann sich vorstellen, wie ich stündlich mich plage, mich mühe ...“ – eben in seiner Selbstkontrolle. (Nicht mehr gestattete er sich, auf seinem Nachttischchen mit Schreibzeug und Kerzen gar für eventuelle plötzliche Einfälle in Bereitschaft zu sein.) Diese ihn so verwandelnde Methodik der Selbsterziehung verwandte er zur Erhöhung und Festigung in seinen künstlerischen und wissenschaftlichen Schaffen, wobei er ja zu einer wunderbaren Wachheit und Bewusstseins-Umsicht kam, und den höchsten öffentlichen Ämtern vorstand.

So sehr seine Werke bekannt sind, wurde diese seine Methodik nur indirekt und erst spät bekannt.

Heute ist es aber so – und an der Zeit –, dass das direkte Wissen über jenen, sagen wir, negativen oder zwangsläufigen Teil vom Wesen des Menschen nicht gegen dessen Freiheit wirkt, sondern dass das Nichtwissen ihn eben unbewusst in wirksamer und ihm doch so unerkannten Unfreiheit lässt. Ja, geht man nun quasi wie blind oder gefesselt in der Welt herum, wie kann man erwarten, dass die Zeitverhältnisse sich bessern oder auch nur etwa gleich unsicher und drohend bleiben, so wie sie jetzt sind?

Die Hindernisse in der freien Entfaltung des Menschen, diese Hindernisse als ein Teil des menschlichen Wesens zeigen sich auf, wenn man den Menschen als die umfassende Wesenheit, die er seiner ganzen Anlage und Bestimmung nach ist, näher betrachtet. Und so werde ich nun versuchen, eingehender das Wesen des Menschen anzuschauen, beginnend von seiner mehr äusseren Gestaltung.

IV.

Wie unser Zeichen, das Weisse Kreuz im roten Feld, ist das Wesen des Menschen in gewisser Beziehung ein zweiteiliges.

Der eine Teil ist dasjenige, was sich in seiner leiblich-seelischen, bluterfüllten Organisation zeigt, wovon uns das Rot ein Abbild sein wird. Diese ist Bedürfnissen und Gesetzen unterworfen und stellt sich in Äusserungen und Formen dar, wie sie auch bei anderen Lebewesen ähnlich vorhanden sind, und zwar, im Prinzipiellen, in der gesamten Tierwelt.

Der andere Teil von ihm besteht in dem, was sich zeigt in der Organisation seiner seelisch-geistigen Tragfähigkeit, die sich gründet auf die Organisation seiner Aufrichtung, welche kulminiert in der Bildung des Schädels. Dieser ist durch Gesetze ausgestaltet und hat eine Form, wie sich ihresgleichen nichts Ähnliches auf der Erde vorfindet, und wie sie auch nicht von der Erde bedingt ist.

In der früheren Wissenschaft, in der darwinistischen Auffassung glaubte man vorwiegend eine Ähnlichkeit zwischen dem Kopf der sogenannt höher entwickelten Tiere und dem des Menschen beschreiben zu müssen. Man beachtete weniger, dass gerade im Wesentlichen nicht Ähnlichkeit, sondern Unähnlichkeit bemerkenswert ist.

Der Kopf des Tieres ist nach vorn gerichtet, auf ein Ziel, einen Zweck hin; und das Ziel ist nichts anderes als Nahrungsaufnahme und Befriedigung. Seine Form ist nichts anderes als die eines grossen Gefrässes.

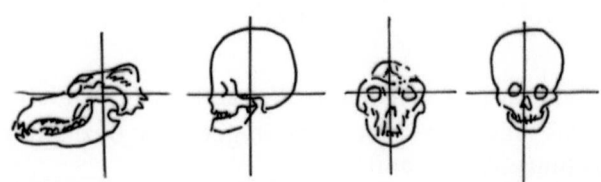

Ein Gehirn hat das Tier nicht im eigentlichen Sinne, es besteht nur als vergrösserte Nervensubstanz. Beim Menschen ist der Kopf hauptsächlich Schädelbildung zur Umfassung des Gehirns. Diese ist fast rund. Müsste der Kopf des Menschen nicht mit der Funktion des Körpers verbunden sein, so müsste er, so merkwürdig es klingt, dies auszusprechen, seiner wesentlichen Funktion nach eine vollständige Kugelform haben. Die runde Form der Schädelwölbung ist von innen und oben abgebildet und stellt im Grunde genommen die Wiederholung einer kosmischen Raumform dar; sie ist die organische Verkörperung einer ganzen Welt. Im Schädelgewölbe sind Weltengesetze wiederholt in der Art geistiger Kräfte, wie sie in der Welt, im All, im gesamten Naturreich der Erde wirken; diese bewirken in ihm die Möglichkeit zum Bewusstsein. Im Gehirn bildet sich die Fähigkeit zu einem Denken, das, seiner Anlage nach nicht von der Erde allein stammt, nicht auf die Vorgänge der Erde allein nur angewiesen ist, das alles ergreifen kann, sich in alle irdischen Geschehnisse und über diese hinaus zu erstrecken vermag.

Das, was sich im Schädelgewölbe als Denkprozess abspielt, ist adäquat der Unendlichkeit des Raumes über ihm.

Die Ausbildung des Denkens, seine höchste Befruchtung und Weite kann sich nur ergeben, indem sich das Denken gleich konkret nach oben hin richtet wie zu den Dingen und Ereignissen auf der Erde, da die irdischen Geschehnisse, die Nöte in der Befriedigung der Nahrungs- und Geschlechtsbedürfnisse für den Menschen ausser dem physischen Zweck vorwiegend nur eine Anregung bilden; für ihn – wenn auch auf grossartige und notwendige Weise – schicksalsgestaltend sind, lebensbereichernd sein können, nicht aber Inhalt und Zweck des Menschseins selbst darstellen.

Beim Tier ist das, was sich im sogenannten Schädel als Nervenprozess abspielt, adäquat der Weite der Erdfläche, der es zugehört.

Während vorgehend die Kreise räumlich (sphärisch) gedacht sind, deuten sie hier nur die Fläche in der Horizontalen an.

Bei ihm ist die Befriedigung der Geschlechts- und Ernährungsbedürfnisse eigentlicher Zweck und Lebensinhalt. Es erlebt keinen Himmel; seine Nervenbildung hat ihre Aufgabe erfüllt in Auswirkung auf die physisch-seelischen, die irdisch-triebhaften Notwendigkeiten.

Jede Fähigkeit des Tieres ist nur eine solche in Beziehung zur Erde und dem besonderen Milieu, dem es zugehört. Jeder Knochen seines Skeletts, bis in letzte Details hinein, ist in seiner Form bestimmt durch die irdische Lebensfunktion – Nahrungsaufnahme, Bewegung usw. – und enthält in seiner Form bereits eine Vorbereitung und einen Hinweis auf die Formen und Funktionen des mit ihm verbundenen nächsten Knochens, und zwar durchgehend bis in die letzte Bildung des Schädelknochens hin. Gerade an diesem wird im Vergleich zum Schädel des Menschen auf wunderbare Weise der Unterschied deutlich:

Beim Tier ist der Schädel auffallend durch den Ansatz von Muskeln geformt. Es treten an ihm starke Knochenerhöhungen und Kämme hervor als Muskelansätze nicht nur für die Fresswerkzeuge, sondern für die Bewegung des ganzen Körpers (bei A resp. B in der Skizze).

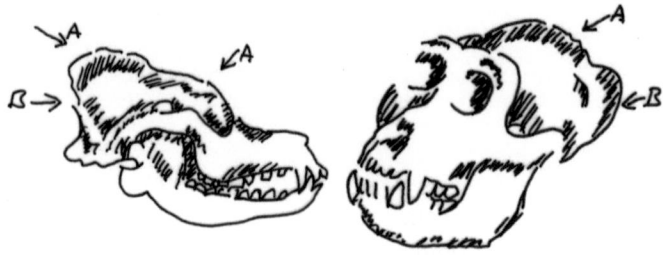

Beim Menschen ist der Schädel gar nicht bestimmt durch den Ansatz von Muskeln; es sind nur noch Spuren von Knochenerhöhungen zu jenem Zweck vorhanden (z.B. bei C).

Der menschliche Schädel, das eigentliche Schädelrund, weist durch seine Form nicht hin auf die Formen des Körpers, er bereitet in seiner Form nichts vor zu den physischen Bedürfnissen und körperlichen Funktionen. Beim Menschen hört am Schädel jede Beziehung zu dessen irdischer Organisation, wir dürfen sagen, vollkommen auf. Er ist nur Gewölbe.

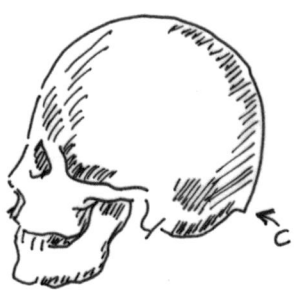

Das, was wir hier an wesentlichsten Formunterschieden aufzeigten, kann uns näher kommen, wenn wir Mensch und Tier weiter betrachten und mehr auf das Funktionelle, auf die Lebensäusserungen hinschauen. Das Tier ist ein Ausdruck seiner Umgebung, seines Milieus. Jedes andere Milieu bringt ein anderes Tier hervor. Das Wasser, das Land, die Luft, die milde Luft, die wilde Luft, der heisse Fels, die feuchte Erde, die Ebene und der steile Hang – jedes so differenzierte und eigene Milieu erschafft sich sein eigenes Lebewesen. Aus diesem Grund gibt es unendlich viele verschiedene Tierarten mit unendlich verschiedenen Fähigkeiten und Sinnesorganen. Trotz der mannigfaltigsten Formen und Fähigkeiten liegt den Lebensäusserungen aller Tiere ein gleiches Prinzip zu Grunde, nämlich eben Trieb, Begierde und Furcht.

Beim Menschen verhält es sich anders. Er ist nicht in eine spezielle irdische Umgebung hinein, sondern als möglichst vollkommenes Abbild des ganzen Kosmos geschaffen und organisiert. Deshalb gibt es in Bezug auf seine Organisation nur eine Art Menschheit und zwar von fast demselben Schlag über die Erde hin, denn der Kosmos bleibt, in der Hauptsache, in Bezug auf die Erde fast überall derselbe. Und doch, trotz aller (in grossen Zügen betrachtet) beinahe völligen Gleichheit der Menschen und trotz ihrer Zugehörigkeit zu einer Menschheit, ist jeder Mensch vom anderen verschieden, aber nicht aus äusseren Gründen, aus Gründen der Umgebung, sondern je nachdem er sein Ich bewusst entwickelt, je nachdem er seinen Willen zur Bewusstseinsbildung heranzieht und sich mit seinem Ursprung verbindet, je nach seinem Schicksal und dem, was er aus ihm macht.

Das Tier hat kein Schicksal in ähnlichem Sinn; es hat kein Ich. Es hat das Schicksal der Gattung; innerhalb derselben ist jedes vollkommen gleich und gleich vollkommen – von Natur aus –, sofern sein Wachstum nicht durch den Menschen nach dessen Bedürfnissen beeinflusst wird. Wenn wir eine Katze kennen, so kennen wir sozusagen alle Katzen. Jede Spezies stellt eine andere, in sich geschlossene Vollkommenheit dar.

Das Tier entwickelt sich auch nicht. Von dem Moment an, da es ausgewachsen ist, ist es vollendet, im Vollbesitz der Fähigkeiten der Muttertiere. Es braucht nichts zu lernen und zu erfahren; es bringt die vollentwickelten Fähigkeiten von Natur aus bereits mit, während der Mensch im Gegensatz dazu vom Moment des Abschlusses seiner körperlichen Entwicklung seine höheren Eigenschaften erst eigentlich zu bilden anfängt, ja im Besonderen sogar erst vom Zeitpunkt an, in dem seine absteigende Linie der Physis bereits beginnt, also mit

Antritt seines siebenten Lebensjahrsiebents. Das Tier ist mit Abschluss seiner physischen Entwicklung vollkommen, der Mensch nicht. Ist er es doch, so nennt man das verknöchert, „fertig", unentwicklungsfähig, senil.

Dass das Tier nichts zu erlernen braucht, zeigt sich an Folgendem: Es ist erwiesen, dass, wenn man ein Ei eines Zugvogels vom Norden Europas in den Süden bringt und es dort ausbrüten lässt, das so erwachsene Tier den Weg an seinen Ursprungsort zurückfinden kann (ohne die Erfahrung des richtigen Flugweges vorher gemacht haben zu müssen), um erst von dort aus mit den anderen nach Süden zu ziehen.

Um zu zeigen, wie es sich mit dem Tier und seinem Milieu im Allgemeinen verhält, wird hier noch eine Betrachtung über die Vogelwelt im Besonderen hinzugefügt.

In den Schulen lernt man, wie wunderbar sich der Vogel mit seinen hohlen Knochen, Federn, seinem ganzen Körperbau der Luft anpasse. Ja, wunderbar ist es schon, nur ist das eine Auffassung, es ist aber gerade umgekehrt: Der Vogel passt sich nicht der Luft an, sondern die Luft schafft sich ihn als ihre Verkörperung im Organischen. Der Vogel ist das Bild der Luft, das Sichtbare vom Wesen der Luft selbst, und zwar bis in seine körperliche Beschaffenheit und alle seine Lebensäusserungen hinein. Er ist die Luft, nur in anderer, in verwandelter Gestalt. Es ist uns dies mit unserem gewohnten materialistischen Vorstellungsvermögen schwer zu erfassen, obwohl gerade die materialistische Wissenschaft, beispielsweise im Gebiet der Chemie ähnliche Umwandlungen zeigt. Man dürfte dort beispielsweise Sauerstoff (O) oder C (Kohlenstoff) nicht als erkannt bezeichnen, wenn man nur den in der Luft vorhandenen, nur den luftförmigen Sauerstoff respektive C nur als Brennkohle kennen würde. So kann man auch das Wesen der Luft nicht zu erkennen behaupten, wenn wir nur eine Gestalt oder Art derselben (z.B. die, die wir einatmen) erkennen.

Wir müssen das Fliegen, das Schweben und Kreisen des Vogels richtig gewahren und empfinden, um die unsichtbare Luft überhaupt sehen, richtig erkennen zu können. Das Lebendige und Flüchtige an ihr, die Dichte und Leichtigkeit, das Sausende, Tragende, Wehende, unendlich Bewegliche – alle diese Eigenschaften im Physisch-Dynamischen haben im Lebendig-Seelischen ihre Wiederholung; den Vogel. Die Luft sowohl als der Vogel können einem nur verständlich und nur richtig im Erlebnis werden, wenn man sie im Zusammenhang als eine Einheit sieht, wenn man den Vogel erkennt als organische Verkörperung des Wesens der Luft.

Wenn man unter diesem Aspekt den freien Flug einer Schwalbe oder einer Möwe betrachtet, so kann einem etwas völlig Neues aufgehen; auch dann, wenn man eine der wunderbaren Tierbeschreibungen von Friederich Tschudi liest, beispielsweise den Aufsatz über den Königsadler (in „Tierleben der Alpen", 1854), den ich hier nicht bringen kann.

Aber manch ausführliche, übliche Tierbeschreibung sagt es einem nicht. Denn dass ein Tier solche Art Federn oder Balg, Lebensgewohnheiten und Geschlechtvermehrung und so und so viele Wirbelknochen usw. hat, sagt einem über das Wesen des Tieres im Grunde nicht viel aus; wie man auch rein gar nichts erfährt über das Wesen des Menschen, indem man seinen Blutkreislauf beschreibt und errechnet, wie viel Phosphor und

Stickstoff seine Knochen oder Muskelfasern enthalten. Das Tier wird heute noch fast allgemein nicht (und auch von Brehm nicht) so beschrieben, um gerade durch Vergleiche den Menschen und dessen Lebensgebiete besser kennenzulernen. Man sagt sich: Man kann doch auch etwas rein „sachlich" studieren, ohne auf eine Beziehung zum Menschen zu schauen. Man sagt sich das deshalb so, weil man die Beziehungen aller Lebensgebiete zum Menschen nicht besonders achtet, sie nicht ins Auge fasst. Man vertieft sich in abstrakte Wissenschaft, durch die man keine Kenntnisse über sich selbst erhält, weshalb man dann im Sozialen, in Politik so „wirtschaftet", bis es zu solchen Zuständen kommt, wie sie heute sind. Es kommt schon auf die Einstellung des Menschen an, darauf, wie man denn sachlich ist.

Man macht es umgekehrt. Man projiziert Eigenschaften des Menschen, wie man diese schon zu kennen glaubt, statt dass man sie besser zu erkennen sucht, in das Tier hinein. Und doch hat eine jede Betrachtung nur dann einen konkreten Wert für den Menschen, wenn sie im Hinblick auf die Förderung des Menschen gemacht wird.

«Wir wissen von keiner Welt,
als in Bezug auf den Menschen;
Wir kennen keine Kunst,
als die ein Abdruck dieses Bezuges ist.»
(Goethe)

Von unserer gewohnten Einstellung aus können wir das Tier nicht ohne Weiteres richtig erkennen und erleben. Nur in dem Mass als es uns gelingt, uns in die

Umgebung, in das Milieu des Tieres hineinzuleben, können wir uns auch in das Tier hinein empfinden und es einigermassen verstehen.

So ergeht es uns aber auch bei der Betrachtung des Menschen. Um zu einem klaren Bild des Menschen zu gelangen, müssen wir immer wieder den Blick auf sein Milieu, auf seine Umgebung im weitesten Sinn richten. Die Umgebung, das Milieu des Menschen ist konkret, aber die ganze Welt, also auch alle irdischen Naturreiche. Durch das bis jetzt Ausgesprochene steht dies zwar immer noch nicht viel anders denn als Behauptung da; doch wird es im weiteren Verlauf dieser Schrift, in anderen Zusammenhängen, durch mancherlei Betrachtungen erhellt werden können.

Schauen wir deshalb vorerst weiter auf die drei Naturreiche, indem wir sie untereinander und mit dem Menschen vergleichen; zuerst auf das Mineralreich. Stellen wir einige verschiedengeartete Kristallgrüppchen vor uns hin und beobachten wir, was sich bei ruhigem Anschauen derselben in uns ergibt.

Wir gewahren das Feste, das Abgeschlossene der Formen und werden überrascht durch die Präzision derselben. Ja, wenn wir die Betrachtung wirklich anstellen und nicht nur darüber lesen, so können wir in grösstes Erstaunen geraten, dass sich in dieser spröden, harten Materie die Kristalle bilden. Wir sehen, in einem bis zur höchsten Durchsichtigkeit gereinigten Material, Formen, die in ihrem Aufbau – wir können sagen – mathematisch konsequent sind. Wir sind erfreut, erquickt, wenn wir beim Anblick einer Seite der Kristalle die Konsequenz der Form (der Flächen, der Winkel, der Rundungen) auf der anderen Seite bestätigt finden. Wir erhalten ein

Erlebnis davon, dass den Kristallen in strenger, sicherer Gesetzmässigkeit Gestaltungskräfte, Formkräfte zugrunde liegen.

Betrachten wir daneben eine Pflanze. Wir sehen auch an ihr das Feste, den Formenreichtum, was uns aber weniger erstaunt als das, dass wir erfahren: In den Pflanzen ist Leben. Es wird uns dies besonders überraschen, wenn wir sich öffnende Blüten sehen, sich aufschliessende Blätterknospen im Frühling oder aufkeimende Samen.

Betrachten wir ein Tier. Betrachten wir es ohne Vorkenntnisse, ganz naiv, ohne ein Vorurteil, beispielsweise eine Katze in einer Wiese, ein Eichhörnchen auf einem Waldweg. Wir sehen, beispielsweise am Eichhörnchen, wie es bei unserem Herannahen reagiert, wie es hier zu einem Graben huscht, sich umschaut, dort zu den nächsten Bäumen hin wedelt, sich wieder wendet, weiter hastet, sich versteckt, hervorguckt, verschwindet. Wir sehen seine Empfindsamkeit. Wir erleben: Das Tier hat die Empfindung.

Schauen wir weiter, auf das Menschenwesen. Schauen wir auf den Menschen vielleicht so, wie er uns meistens begegnet, und beachten wir, was sich beim Anschauen der verschiedenen Gesichtsausdrücke in uns selbst abspielt. Es ist uns ja vorerst nicht bewusst, aber – so merkwürdig es ist – mit unserer eigenen Empfindlichkeit möchten wir oft am liebsten den Menschen, dem Gefühl und Willen beanspruchenden Verkehr mit ihnen davon laufen. Gerade zum Unterschied in der Natur, der gegenüber wir kritiklos sind und wo wir die Reinheit (und Güte) oder auch die Wucht der Berg- und Pflanzenwelt auf uns wirken lassen, so, wie sie ist, verhalten wir uns hier auffallend anders. Mit der uns eigenen Willens- und Herrschnatur möchten wir hier wehren, oder helfen, oder Einspruch erheben dem gegenüber, was die Menschen durch sich selbst und durch ihr Leben uns vor Augen bringen. Was sich im Gesicht des Menschen zu festen Zügen formt, sind ja jeweils die langgewohnten, vorwiegenden Gefühle, die ja meist als Naturablauf den Menschen beherrschen (was ja der eigentlichen, der höheren Natur des Menschen nicht gemäss ist). Wenn uns dies auch noch unbewusst bleibt, so spüren wir es doch; und aus den sich uns ergebenden Schwierigkeiten, solche Fehler mitzuerleben, ohne Einspruch mit anzusehen, oder auch sie korrigieren zu sollen, verschliessen wir uns den Menschen. Wir laufen ihnen zwar nicht davon, wir müssen ja ins Geschäft (wir haben es ja auch nicht wie die Eichhörnchen). Im Grunde fliehen wir aber doch dadurch, dass wir uns unempfindlich machen und zu den eigenen Angelegenheiten oder rasch in ein oberflächliches Gespräch flüchten; man ist höflich, man ist gebildet. Wir können es aber auch anders machen. Wir können die Empfindungen, unsere Sympathien oder Antipathien ganz bewusst zurückhalten und dann voller Aufmerksamkeit auf das andere Menschenwesen eingehen, ja ihm, dem anderen als einem Menschenwesen gegenüber, wie es auch sei, voller Ehrfurcht uns verhalten.

Was zeigt sich uns hier im Gegensatz zu den Betrachtungen in den Naturreichen?

Wir wissen natürlich, dass der Mensch den Verstand hat, der ihn über das Tier hinaushebt. Aber das zeigt sich uns nicht unmittelbar aus der Anschauung. Wenn wir aber das Menschenwesen betrachten, wie wir im Naturreich das Mineral, die Pflanze, das Tier anschauen, ohne ein Vorwissen, so erhalten wir das Erlebnis: Der Mensch besitzt die Fähigkeit, seine eigene Empfindung beobachten und leiten zu können – und die Empfindung des anderen Menschen in seiner ganzen Tragik oder Grösse auch mitempfinden zu können.

Beim Tier wirkt sich seine höchste Organisation, das Seelische, die Empfindungsfähigkeit, als ein Naturablauf aus. Es ist in ihm passiv, bewegt sich ihm entsprechend und zwangsläufig. Ähnliches vollzieht sich bei der Pflanze. Ihre höchste Organisation, das Leben, läuft einfach ab. Sie vegetiert, ist ergeben der Erde und dem Licht, dem Kosmos. Im Mineral geschieht die Kristallisation auch als Naturmacht; es ist eins mit seinen Formkräften.

Der Mensch besitzt auch körperliche Gestaltung- oder Formkräfte, die schon im Mineral enthalten sind und dazu das Leben, das schon in der Pflanze wirksam ist und dazu das Seelische, oder die Empfindungsfähigkeit, die in allen Tieren da ist; er besitzt diese auch als Naturkräfte, als Naturabläufe: Aber der Mensch hat dazu noch die Fähigkeit, diese Anlagen nicht nur ablaufen zu lassen, sondern seinen Körper, seine Gaben, seine Sinnesorgane und Empfindungen zu beobachten und zu belehren.

«Das Tier wird durch seine Organe belehrt;
der Mensch belehrt die seinigen und beherrscht sie.»
(Goethe, Sprüche in Prosa)

Mit allen Naturreichen in Zusammenhang stehend und alle Naturkräfte in sich enthaltend, hebt sich der Mensch zugleich durch die charakterisierte Fähigkeit von allem Geschaffenen völlig heraus. Diese Fähigkeit des Menschen, über die Erfüllung seiner Naturnotwendigkeiten Betrachtungen anstellen und seine Empfindungen belehren und leiten zu können, ist seine eigene Fähigkeit, mit der er seine geistige, seine eigentliche Bestimmung beobachten und sich ihr entsprechend verhalten kann. Beim Tier dient das, was sich in seinem Nervenzentrum als Sitz der Sinne im sogenannten Gehirn abspielt, wie auch sein ganzer Körperbau ausschliesslich der Erfüllung der Naturbedürfnisse, der Nahrungsaufnahme, der Lebenserhaltung.

Seine Beine beispielsweise dienen ihm zur einseitigen, nach vorwärts gerichteten Bewegung für die Befriedigung der Lebensbedürfnisse; wo die Bewegung, entsprechend dem Milieu des Tieres ohne Beine bewerkstelligt werden kann, sind sie nicht da.

Der Mensch kann mit seinen Gliedmassen vollständig von diesen Bedürfnissen Unabhängiges tun. Die Beine dienen ihm ausser zur allseitigen Bewegung auch besonders als Stütze, ihn von der Erde in Abstand und mit ihr in Verbindung zu halten; und seine Arme und Hände sind bis in die Fingerspitzen ein Organ des Geistig-Seelischen. Sie können schreiben, basteln, Kunstgebilde schaffen, die in keinem Zusammenhang mit den physischen Notwendigkeiten zu stehen brauchen. Ebenso unabhängig von den physisch-seelischen Notwendigkeiten kann das sein, was sich als reines Denken im Gehirn auswirkt. Das Gehirn ist beim Menschen als ein Alles-Umfassendes auch der Sitz der Sinne, die den körperlichen Bedürfnissen dienen; im Besonderen aber das einzige Organ, das Erkenntnisse von höheren Kräften aufnehmen und Einsichten über sein eigenes Wesen und den Sinn des Lebens entwickeln kann.

Man könnte aber heute beinahe glauben, dass dem nicht so sei, dass die Betätigung im Geistigen nicht als das Besondere und Wesentliche zur menschlichen Bestimmung gehöre; Denn die Bemühungen im Wirtschaftlichen sind ja heute so allgemein im Vordergrund aller Bemühungen; es werden allgemein so viel mehr die Körper und Seelen, die Arme und Beine trainiert als die Denkkräfte, indem selbst die öffentliche Erziehung vorwiegend auf die sogenannte praktische Lebenstüchtigkeit hinzielt, auf Kraft und Erwerbsfähigkeit hin, und man hört die Ausdrücke: Erst muss man Arbeit und Brot beschaffen, dann stellt sich das Geistige (und die Ordnung im Menschenleben) von selber ein, oder: Erst dann ist Raum für das Geistige vorhanden ... Nein, da die ganze Organisation des Menschen, die Gliedmassen sowohl wie die Schädelwölbung ihrer Anlage nach nicht im Sinne und zur Aufgabe geschaffen sind, um in erster Linie der Befriedigung der Brotfrage zu dienen, so ist es selbstverständlich, dass der Mensch verkümmern muss, wenn er dieser seiner höheren Organisation nicht ihrer wahren Beschaffenheit gemäss zur Auswirkung verhilft, sondern sich vorwiegend aus einer Seite von ihr, aus dem physisch-seelischen Element heraus betätigt. Bringt er aber seine eigentliche und besondere, seine geistige Veranlagung, ein allseitiges Bewusstsein, respektive das Sich-Bemühen darum, zum Ausdruck, so können in den Bedürfnisfragen nicht die Fehler entstehen, die in solche Nöte und Wirren führen, wie dies heute der Fall ist.

Es ist gar nicht natürlich, dass der Mensch die klaren Instinkte hat. Die Gefühle als Naturablauf zerstören den Menschen; von ihnen ausgehend und sich ihnen überlassend wird er immer Fehler machen. Die Instinkte sind in der heutigen Entwicklung des Menschen nicht mehr seine höchste Leitung. Beim Tier sind die Instinkte alles. Es lebt in ihnen (als Natur) fehlerlos, die Natur macht keine Fehler. Folgt der Mensch seiner Natur – um diesen hier verfänglichen Ausdruck zu gebrauchen – das heisst seiner höheren Natur, die darin besteht, dass er aus dem Paradies vertrieben ist und nicht ein Nutzniesser der Güte der Natur und auch nicht der Gnade Gottes nur sein darf, so lässt seine Natur, seine Bestimmung auch keine Fehler entstehen, genau in dem Masse, als er ihr entspricht. Das aber, das Mühen um Erkenntnisse, liegt allein in seinem Willen. Beim Tier spielt sich alles in einer Ebene ab; die Empfindung und Bewegung als ein Naturablauf ist seine Bestimmung.

Wäre es auch der Bestimmung oder der Natur des Menschen entsprechend, dem nachzuleben, was sich zur Befriedigung der Lebensbedürfnisse als Naturablauf von selbst ihm ergibt oder was sich ihm durch Hingabe an die „göttliche Gnade" von selbst offenbart, so gäbe es bei ihm keine Zersetzung bereitende Not in den Bedürfnisfragen; er bräuchte dann die Entwicklungsfähigkeit des menschlichen Bewusstseins nicht. Doch das Bewusstsein über sich selbst nicht entwickeln zu müssen und auf der Stufe des Naturablaufs seiner physisch-seelischen Bedürfnisse stehen zu bleiben, das ist nicht die Bestimmung (und Natur) des Menschen. Auch sind ihm die klaren Instinkte schon deshalb nicht als Führung gegeben, damit er ihnen nicht nachleben, nicht auf jener Stufe leben kann. Verlässt der Mensch seine höhere Natur, indem er doch versucht, vorwiegend nur seinen natürlichen, physisch-seelischen Erfordernissen nachzuleben, so bilden sich – ob er will oder nicht –

automatisch Fehler in jenen Funktionen (in den Gebieten seiner Naturbedürfnisse), die eine Stufe unter seiner eigentlichen Menschennatur stehen. Wenn er sich in jener Stufe auch noch so sehr anstrengt und von ihr auszugehen sucht, es hilft ihm alles nichts; er muss als Mensch verkümmern, sich verwirren.

Würde das Tier die höchste Eigenschaft seiner Natur, die Empfindung, die Nachlebung seiner physisch-seelischen Bedürfnisse verlassen können, so würden bei ihm auch Fehler in der um eine Stufe tieferen Funktion, in der Funktion des Lebens oder Wachstums, eintreten und sein Leben müsste aufhören. Ja, wir können das weiter zurückverfolgen. Würde die Pflanzenwelt ihrer Natur und Bestimmung, dem Leben und Wachsen untreu werden können, so ginge diese zu Grunde, sie müsste einfach zerfallen.

Das heisst in anderen Worten: Könnte die Pflanze ihre Natur (den Kreislauf des Lebens, des Wachsens, auch in Bezug auf die Jahreszeiten) verlassen, so wäre es ja gar keine Pflanze mehr. Könnte das Tier sich seiner Natur, der Empfindung und Bewegung entäussern, so könnte es nicht auf einer unteren Stufe existieren, auch nicht auf der des Lebens und Wachsens allein (auf der Stufe der Pflanze) und sein Leben ginge zu Grunde. Bewegung ist hier als eine Folge der Empfindung, als Erfüllung der Empfindung anzusehen. Wird der Mensch seine ihm allein zukommende Wesensnatur und Bestimmung verlassen oder vermindern – was er tatsächlich kann und heute tut –, so wird er auf einer tieferen Stufe nicht bestehen bleiben können. Es müssten sich in seinem Leben katastrophale, chaotische Schwierigkeiten einstellen, wie sie heute auch tatsächlich einzutreffen beginnen.

Die Naturkräfte, welche die Pflanzen- und Tierwelt zum Leben bringen, diese selben Naturkräfte zerstören den Menschen, wenn er sich nur ihnen überlässt. Sie lassen ihn immer herrlichere, verführerische Dinge und abstrakte Wissenschaften erfinden, durch die er umso schneller zu Grunde gerichtet oder in solch gewaltige Nöte gebracht wird, dass er durch diese, als der letzten Chance, heute ein Leben im Bewusstsein ergreife.

Die Natur ist für sich da, wie die Tiere für sich da sind. Sie hilft dem Menschen im Physischen, sie wirkt in seinem Körperlichen und Seelischen. Doch der Mensch als Ganzes ist nicht nur Natur und kann nicht allein kraft der Natur leben.

Er ist nicht für sich, nicht für sie da, sondern die Natur wirkt in Menschen kraft der Welt. Der Mensch ist für die Welt da. Er ist da, um sich selbst mit dem Bewusstsein denkerisch zu erfassen. Er ist da, um die Welt mit dem Bewusstsein zu umspannen. Die Welt will sich selbst denken. Dafür hat sie sich ein Organ geschaffen – den Menschen; und dieses Organ hat sie auf unsere Erde gestellt.

Dadurch ist es erklärlich, dass der Mensch nicht für sich, sondern der Welten wegen da ist.

Dies zu wissen, auf das kommt es heute an. Obwohl es aber so sehr darauf ankommt, können wir es dennoch nicht ohne Weiteres verstehen. Um es verstehen zu können, müssen wir uns dazu ein Sinnesorgan bilden.

Nun, wird man einwenden, wenn uns schon dieses Organ nicht gegeben ist, so ist das eben ein Zeichen, dass wir es auch nicht brauchen. Was wir brauchen, das können wir wirklich nicht aus einer blossen Meinung wirklich wissen. Was wir brauchen und womit wir uns befassen sollen, das wird uns das soziale Geschehen auf der Welt noch äusserst deutlich sagen können, es wird es uns einhämmern (zum letzten Mal einbomben), sofern wir nicht aus freiem Willen darauf schauen.

Jetzt natürlich die Frage: Wie können wir uns denn eine solche Sinnesgabe in uns bilden, uns selbst anschaffen, in uns stärken?

Wir können es eben durch freien Willenseinsatz im Denken, in einem Denken, das nicht nur auf unsere äussere, persönliche Lebensgestaltung gerichtet ist. Wir können es durch Anstellen von Beobachtungen und Betrachtungen der Lebensvorgänge in der Natur, wie wir solche schon gemacht haben, und auch wiederholt noch machen werden. Dadurch, dass wir sie selbst, auch hier wieder und wieder anstellen müssen, rechtfertigt sich der langsame Gang dieser Schrift. Wir wollen ja nicht nur etwas Neues wissen, sondern wir wollen uns etwas erschaffen. Nur zu wissen, wie man ein Haus baut, ein solches Wissen ist für uns abstrakt, man muss das Haus bauen, Stein auf Stein fügen, Eisen dazu nehmen und alles zu einem Ganzen verbinden – um darin dann auch zu wohnen.

Dadurch, dass wir Betrachtungen anstellen aufsteigend in den Naturreichen, beschäftigen wir uns mit etwas, das ausserhalb unserer physisch-seelischen Bedürfnisse liegt. Wir schauen auf die mineralische Welt. Wir schauen auf das Leben der Pflanze. Dann auf das Tier, dass es nach vorn, auf ein Ziel hin gerichtet ist als Organ der Befriedigung der Lebensbedürfnisse, wie es der Umgebung entspricht und ihr sozusagen angehört. Wir sehen, dass es eine organische Verkörperung der Umgebung ist, zum Beispiel der Vogel die organische

Verkörperung der Luft, das Wesen der Luft selbst mit allen Eigenschaften derselben, doch in anderer, in körperlicher, besser gesagt, in organisch empfindender Gestalt. Und wir schauen weiter, beispielsweise auf das Skelett des Menschen, auf den Unterschied des Tierkopfes zum menschlichen Schädelgewölbe, wie dieses im Vergleich zu jenem nicht mehr auf die Funktion des Körpers sondern auf ganz anderes hinweist; dadurch beschäftigen wir uns mit etwas, das ausserhalb von unseren physisch-seelischen Bedürfnissen liegt. Dass wir solches oft tun, dass wir Betrachtungen anstellen, die nichts mit unseren körperlich-seelischen Notwendigkeiten zu tun haben, nur damit bildet sich in uns eine Fähigkeit des Denkens aus, die über uns, über unserer Person und ausserhalb unseres natürlichen Daseins steht. Und darum können wir mit ihr überpersönliche, überirdische Beziehungen erfassen; wir können erfahren, inwiefern der Mensch ein Organ der Welt ist.

Das Verständnis für diese Angelegenheiten wird uns aufgehen dadurch, dass wir uns mit ihnen befassen.

Um das Wesen der Welt sowie das Wesen des Menschen (sein eigenes Wesen) kennenzulernen, muss man sich also selbst aktivieren. Man kann das eine nicht kennen ohne das andere, die Welt nicht ohne den Menschen, denn sie bilden eine Einheit. Sie kennenzulernen, ist heute gar nicht mehr so schwierig, wenn wir nur erst im eigenen Wesen gefunden haben werden, was uns am Erkennen hindert.

In alten Zeiten, vor Beginn des freien, unabhängigen Bewusstseins, war die Erkenntnis vom Wesen des Menschen schon etwas Wichtiges. In allen Kulturen und Religionen handelte es sich um die Selbsterkenntnis.

Das: „Erkenne dich selbst" stand über den Tempeln geschrieben. Die Selbsterkenntnis galt als das erste aller Gesetze zur Menschenbildung.

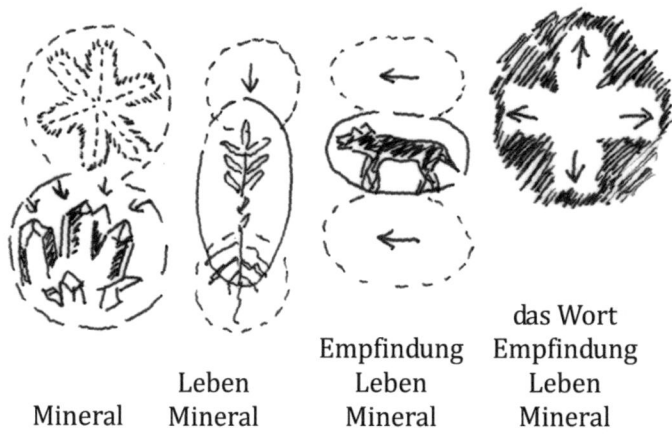

		das Wort
	Empfindung	Empfindung
Leben	Leben	Leben
Mineral	Mineral	Mineral	Mineral

Heute ist dieses Gesetz zwar auch zu dem ungeschriebenen ersten Gebot geworden, nicht aber aus hoher, erhabener Einsicht nur von ideal gesinnten Einzelnen, sondern aus purer praktischer Notwendigkeit – als Forderung, als Verlangen unserer Zeit selbst. Denn in ihr, in der die Wissenschaft mit Exaktheit die physischen Gebiete erforschte, werden die an der Materie gewonnenen Begriffe auf den Menschen angewandt, in die menschlichen Gebiete getragen, wo sie absolut unzulänglich sind. Und so blieb man in Grunde unwissend und unfähig, beispielsweise eine taugliche, neuen Erfordernissen gemässe Erziehung (Pädagogik) oder Gesellschaftsordnung zu gestalten – bei aller Wissenschaftlichkeit. Die heutigen Zustände sind wie ein Rufen nach Erkenntnis der eigentlichen Wesenheit des Menschen.

Die Befolgung dieses Gebotes ist uns heute wirklich notwendig; sie ist unerlässlich zu einer Not-Wende.

Mit Eintritt des Menschen in die Entwicklungsperiode des freien Bewusstseins (die mit dem 15. Jahrhundert einsetzte) ist das menschliche Denken mehr und mehr leer geworden von allen, sagen wir: göttlichen Schauungen und auf sich allein und die irdischen Verhältnisse belassen. Nicht mehr geführt wird der Mensch, sondern er wird von den zivilisatorischen Errungenschaften verführt. Wäre der Mensch nicht zu jener höheren Absicht da, von der auf den vorangegangenen Seiten einiges angedeutet wurde, sondern zur Befriedigung seines Ichs, seines physisch-seelischen Selbstes, lohnte es sich zu leben? So fragen viele, welche Einblicke und Kenntnisse über das Wesen des Menschen als Glied einer höheren, übergeordneten Welt haben, und die dadurch befähigt sind, in die Irr- und Unsinnigkeiten unserer heutigen Zivilisation hinein zu sehen. Es ist nur eine Täuschung jener Menschen, die da glauben, dass das Leben so, wie es sich nach aussen abspielt, für den Menschen etwas Höchstes sei; sie täuschen sich dabei vor allem deshalb, weil sie die Zustände, wie sie jetzt sind, nicht durchschauen. Das mag wohl angehen für Kinder, ja es ist ihrem natürlichen Entwicklungszustand gemäss, denn sie müssen nicht erkennen, sondern sich durch die ihrem Wachstum entsprechenden ganz besonderen Bedürfnisse sein Spiel und Phantasie zur Reife entwickeln. Dann stirbt aber das Kind gleichsam und wird Mann oder Weib, wie auch die Pflanze stirbt und wird Frucht und wird Samen. Genau so kann der Zustand, in dem wir uns heute befinden, höchstens als Entwicklungszustand ernst genommen werden. Nehmen wir ihn aber als etwas Dauerndes, Wertbeständiges, nehmen wir ihn als ein Fertiges, so sterben wir in ihm für nichts und es ersteht durch uns nichts. Nehmen wir unseren Zivilisationszustand aber insofern ernst, als wir ihn als Zwischenstufe, als notwendigen Übergang betrachten und sehen wir als die höheren Werte in ihm die an, die in seinen Nöten selbst liegen und lassen ihn als Entwicklungszustand gleichsam zu Tode gehen, statt uns von ihm blenden zu lassen; so sterben wir nur so wie das Kind im Menschen stirbt. Denn es kommt ja beim Menschen gar nicht darauf an, dass er als Naturwesen bestehe (als solches erfüllen wir nicht unseres Lebens Sinn), sondern es kommt auf den Weltenwillen an, aus dem wir da sind, den wir verkörpern.

Wenn wir uns nun fragen: Was erfüllt der Mensch in der Absicht des Weltenwillens, was erfüllt er in der Richtung seiner Bestimmung? Wenn wir mit dieser Frage hinschauen auf das Wesen und Tun des Menschen, so sehen wir überall, je mehr wir schauen, dass der Mensch wirkt und schafft und denkt aus seinen Gefühlen und Empfindungen, aus seinen Sympathien und Antipathien, aus seinen Leidenschaften, Hoffnungen und Wünschen heraus. Er lebt und webt einseitig aus diesem seinem Naturelement, aus seinem ihm unbewussten Instinktwesen heraus, nicht aber im Sinn des Weltenwillens.

Der Mensch schafft, denkt und lebt überwiegend aus seiner ihm unbewussten Natur, seinem Instinkt, seinen Gefühlen. Dass dies die Ursache ist von heutigen zivilisatorischen Zuständen, auch die Ursache, weshalb die grossartigsten Erkenntnisse und Erfindungen nicht genützt und gebraucht werden können, oder wie sie gebraucht werden, dem Menschen sehr oft nicht wirklich dienen oder ihm dienend dennoch zum Ruin führen, dieses zu wissen, wird uns heute unentbehrlich. Von diesem Gesichtspunkt aus müssen wir heute das Leben des Menschen zu verstehen suchen.

Das Naturelement im Menschen ist also das, was sich zwangsläufig erfüllen will. Haben wir uns nun durchgerungen zu der Einsicht, dass die physisch-seelische Natur im Menschen gar nicht das eigentliche Wesen des Menschen ausmacht, und schauen wir dann auf das Leben der heutigen Zeit, so wird es uns schwindelig bei dem Zugeständnis, dass dieses Erwerbsleben den grössten Teil unseres Lebens ausfüllt. Wir sehen, dass das Wirtschaftsleben alles menschliche Tun überwiegend beansprucht, dass zu vieles im Leben auf das hinzielt: auf das eigene Wohlergehen, es bequem haben, es gut haben in dem, was von selbst geht, in dem Empfindungselement.

Für den jungen Menschen kann das in Ordnung sein, solange er in der physischen Entwicklung steht. Für den Erwachsenen ist es nicht mehr in Ordnung. Aber darf man die Menschheit jetzt nicht als erwachsen ansehen? Wir können auf dieser Stufe nicht leben, auch wenn wir meinen, dass wir es können, auch wenn wir sehen, dass es uns besser geht, wie wir meinen; wir können darin nicht leben bleiben.

Es wurde dargelegt, dass, wenn man von einem Kristall die Formkraft, die Haltekraft subtrahieren könnte, es kein Kristall mehr wäre. Wenn man von der Pflanze, als einer höheren Stufe, das Leben sich wegdenken würde, es wäre keine Pflanze mehr. Geht man die Lebensstufe weiter hinauf zum Tier und könnte man ihm die Empfindungsfähigkeit wegnehmen, demzufolge es Tier ist, es könnte nicht auf der tieferen Stufe existieren, auch nicht auf der Stufe des Pflanzenlebens. Es müsste alles an ihm zugrunde gehen. Lebt der Mensch vorwiegend auf der Empfindungsstufe, auf dem Lebenswunsch des Wohlseins, des Triebes und Zwanges des Bequem-Habens, des Genusses, des Blutes, statt auf der Stufe des Denkens, des Tragens und der Aufrichtung, der Verantwortung allem und allen – sehr vielem gegenüber, also geht der Mensch von seiner Stufe auf die Stufe der Empfindung, des Wohlseins hinunter – er kann nicht lange leben, es muss etwas im Erdgeschehen eintreffen, dass er zugrunde geht.

Und jetzt, was zeigt sich für ein Hauptgeschehnis heute? Die Wissenschaft selbst ging in folgenschwerstem Teil auf die Stufe des Wohlseins, die Lust des Forschens, die Lust des Empfindens und Erfindens hinunter, bei der „Süsse der Technik".

Oppenheimer, der Schöpfer der Atombombe, hat wie ein Selbstbekenntnis in Bezug auf seine Erforschung das Wort ausgesprochen „technically sweet". In diesem Seelenzustand, im Empfindungselement, in der Lust des technischen Ausknobelns ist die Atombombe entstanden. Sie selbst wird uns zum Ausdruck, was uns geschieht oder bevorsteht mit der Lust des Wohlseins, speziell im Trieb zum Technischen. Ihre Zerstörungskraft ist zum Glück evident. Viel anderes Technisches ist ja auch aus dem technischen „sweet" entstanden, nicht in Hinblick auf das Ethische des Menschen, sondern so sehr auf das Wirtschaftliche. Ihre Zerstörungskräfte sind nicht so direkt sichtbar, obwohl sie da sind und, man kann sagen, sich genau gleich erschreckend zeigen werden. Ja, diese anderen technischen Errungenschaften

sind in gewisser Beziehung noch schlimmer, heimtücki-
scher, weil sie harmloser erscheinen, doch uns mit ihren
Sensationen einlullen.

Darum soll die Atombombe uns das Spiegelbild unseres menschlichen Wesens sein.

Nur darin wird ihre nutzbringende Kraft liegen, nicht
in ihrer Abdrehung ins Wirtschaftliche zu „friedlichen
Zwecken", zum Wohlsein und zum Genuss des Menschen, wobei ihre Dämonie noch schlimmer ist (wenn
das möglich wäre), weil sie nicht direkt oder schlagartig
wirksam sein wird. Denn zur Zerstörung führen alle Anwendungen der Atomkräfte hin, wenn nicht, was heute
Bedingung ist, „jedem Schritt vorwärts in der Erkenntnis" (auch in technischer Erkenntnis) „drei Schritte vorwärts im Moralischen entsprechen".

Die Atombombe kann zum Spiegelbild des Wesens
der Menschheit werden, besonders mit Hilfe der Erkenntnis vom Weissen Kreuz im roten Feld. Die Lustbarkeit des Entstehens – denn es war so ganz tatsächlich
eine solche aus dem Naturtriebhaften des Menschen,
in welche nicht ein Licht des Erkennens hinein strömt,
wie etwa beim roten Feld das Tragende, Aufgerichtete
des weissen Elements auf alle Seiten sich in dieses rote
Element hinbreitet – die Lustbarkeit ihres Entstehens,
wenn sie uns vor Augen haftet, kann kaum vielen von
uns gleichgültig sein. Und was das bedeutet, wenn in
vielen Menschen dies als Erlebnis einen Niederschlag
findet, das kann gar nicht umfasst werden.

Man kann sich aber etwa vorstellen, was geschieht,
wenn in unserer gewöhnlichen Triebhaftigkeit kein klares Bewusstsein unseres Tuns mitschwingt! Was aber
geschieht erst, wenn diesem ungeheuerlichen Trieb des

Denkens und Rechnens – denn daraus ist die Atombombe entstanden – nicht ein verantwortendes Bewusstsein in ebensolcher ungeheuren Breite nachfolgt!?

Es wird schwierig sein, die Atombombe so als Spiegelbild des Menschen klar darzustellen. Unter der Kraft des Weissen Kreuzes im roten Feld werden wir verstehen lernen, wir wollen doch leben, was damit gemeint ist. Darüber soll bekräftigendes Material genug in den nachfolgenden Kapiteln gebracht werden. Denn in ihnen ist von wunderbaren Persönlichkeiten und Ereignissen aus der Kulturgeschichte vom Geburtsland unseres Zeichens die Rede, von Persönlichkeiten, deren Wirksamkeit zutiefst im Geiste dieses wunderbaren Zeichens entstanden ist. Es ist auch etwas von gegenteiligen Bestrebungen (z.B. in politischem Gebiet) und vieles andere beschrieben, was notwendig ist, unser Abbild – das Weisse Kreuz im roten Feld – leichter ins Verständnis zu heben, zum Erlebnis zu bringen.

V.

Bevor ich weiterfahre noch etwas von inzwischen Erlebtem: Ich musste einmal in einem Privathaus eine Langspielplatte mit drei Orchesterstücken neuster Erfindung fast bis zu Ende anhören. Und auf einer prächtigen Bergalp drang durch geschlossene Fensterscheiben verunstaltete bayrische Schrammelmusik zu mir (man nennt das Musik), derweil ich die Bergspitzen im Morgenlicht bewunderte. Beide Mal dachte ich dasselbe: Nur die Atombombe kann da Remedur schaffen, kann da wegwischen, so nicht ein anderes Bewusstsein in breiten Schichten Platz greift. Überall, nicht nur hier, überall kann einem die Gleichgültigkeit, die Oberflächlichkeit, ach, die Genusssucht, überall die Naturtriebhaftigkeit auffallen, der ganze Wahn oder „Tiersinn" (um wie noch oft ein Wort Pestalozzis zu gebrauchen), das ganze Untermenschliche, das (was ist denn das) gar nicht bestehen bleiben kann.

Ein Motto, sei diesem V. Abschnitt vorangestellt:

«Es ist uns gesetzt eine kleine Zeit,
und die Ernte ist gross und der Schnitter bereit.»
(aus einem Gedicht über Michelangelo von Jans
Joachim Haecker, aus „Die Insel Leben")

Um die Empfindung eines sozialen Bewusstseins zu erhalten, oder bei sich zu stärken, kann man beispielsweise eine der folgenden Vorstellungen durchdenken:

1. die Vorstellung, man wäre der andere;
2. Erhalten eines sozialen Bewusstseins durch ein gemeinsames Unglück;
3. Vorstellung, man wäre das einzige menschliche Lebewesen.

Ich greife eines willkürlich heraus: Man stelle sich vor, man wäre als einziger Mensch auf der Welt; nicht nur, es wären andere nicht erreichbar, denn dann bliebe einem immer noch die Hoffnung, sondern man wäre tatsächlich das einzige menschliche Lebewesen. Oh, dieser Gedanke, so unhaltbar er für sich auch ist, er ist gesund. Stellen wir uns in diese Lage versetzt vor, es würde uns sofort eine absolute Trostlosigkeit befallen; wir würden blitzartig erkennen, wie sehr alles unser Tun doch in Beziehung steht zu anderen, wie sehr wir von andern abhängig, für andere da sind. Keinem Menschen etwas nützen zu können, keinem etwas sein zu dürfen – die Entbehrung von diesem liesse uns gar nicht mehr leben.

Solche Überlegungen können einem bewusst machen, wie sehr der Mensch ein soziales Wesen ist, wie sehr nur durch Verbindung mit anderen Menschen das eigene Menschsein einen Sinn erhält. Solche Überlegungen, wenn wir sie wirklich vorurteilslos machen können, lassen einen bewusst werden; wie wenig im Grunde die subjektiven Gefühle und Instinkte für unser Leben direkt wichtig sind, welch grossen Raum im gewöhnlichen Leben gerade das Interesse für das äussere Vorwärtskommen und das äussere, wirtschaftliche sich einrichten und es guthaben wollen (über die Grenzen der physischen Notwendigkeit hinaus) aber einnimmt ...

Das, was uns an dem Denken hindert, mit welchem ein soziales Empfinden den Nächsten gegenüber entstehen kann, das, was uns an einem selbstlosen objektiven Denken hindert, mit dem allein nur Fruchtbares und Wahres sich bildet, das ist das subjektive Verharrungsvermögen in subjektiver Trägheit, was gar kein Wille, sondern Unfreiheit und Trieb ist; es ist das Verharren in dem, wenn wir es mit einem Gesamtausdruck oder mit einem Abzeichen bezeichnen wollen, „in dem roten Element".

Was uns über diesen elementaren Zustand hinaus erhebt, das ist nichts anderes als das Denken selbst. Zu diesem braucht es Opferkräfte, man muss etwas in seinem Selbst opfern, man muss - entgegen seiner vitalen, von selbst treibenden Natur seinen Willen einsetzen, etwas in seinem Subjektiven opfern, Licht einschalten. Wenn wir für das, dem Verharrungsvermögen im roten Element entgegenzutreten, einen Gesamtausdruck oder ein Abzeichen einsetzen wollen, so kommt man zu keinem besseren auf der Welt als zu dem „Weissen Kreuz", das ins rote Feld eingesetzt ist.

Durch das sich selbstlos machen werden sich die Gedanken und Gefühle mit objektiven Angelegenheiten beschäftigen. Es werden Urgedanken entstehen, an Stelle von nur subjektiven, unabhängig von Temperamentsanlagen, Charaktereigenschaften und den momentanen, oft wechselnden körperlich-seelischen Zuständen. Nicht, dass wir unsere Anlagen und Temperamente verleugnen sollten, im Gegenteil, denn diese sind doch schicksalsbildend und gestalten das Leben vielseitig und reichhaltig.

Wenn wir sie aber mit Bewusstsein durchdringen, dann wird – und nur dadurch – unser Leben auch reich, das heisst positiv, aufbauend, schöpferisch.

Urteilsfähig kann man nur sein, wenn man sein Urteil absondert von seinem Standpunkt, von seinen persönlichen Wünschen oder Hoffnungen, von allem, was einem angenehm oder unangenehm, lieb oder nicht lieb ist; wenn man es von seiner subjektiven Stellung trennt, wenn man sich von sich selbst los trennt, selbstlos ist, wenn man in sein vitales, Leben durchglühtes Naturelement ein in verschiedener Richtung sich erstreckendes Bewusstseinslicht in aller Ruhe hineinsetzt: Weisses Kreuz im roten Feld. Das ist schon der erste, primitivste Schritt, um eines Urteils fähig zu werden.

Was heisst „urteilsfähig" sein anderes als fähig zu sein, das heisst wissend zu sein von Ur-teilen, von Ur-geschehnissen, oder teilhaftig zu sein von Ur-kenntnissen, denn die Quellen allen Lebens haben denselben Grund, die Ursachen und Gründe alles Geschehens hängen zusammen, es ist alles gebunden „an die höhere Wurzel".

Man kann grosse Kenntnisse haben, starke Fähigkeiten besitzen, ohne deshalb allein schon urteilsfähig sein zu müssen. Man ist dann eben nur teilsfähig. Zu einem Hauptcharakteristikum der heutigen Zeit, ja zur Tragik derselben gehört, dass die Teilsfähigkeiten bis zu äussersten Punkten des Spezialistentums gelangt sind und noch weiter zu treiben versucht werden; tragisch deshalb, weil ja gerade mit ihnen der Verlust einer Verbindung zum Leben, der Verlust des Wissens über Zusammenhänge zu Urgeschehnissen und zum Sinn des Menschen auch an einem äussersten Punkt angelangt ist.

Wir haben eine Wissenschaft, die mit unendlichem Fleiss die Teile von dem Ganzen absondert, und über dieser Absonderung den Wesenskern, das Ganze vergisst. Sie herrscht mit dem erhabenen, als Autorität wirkenden Namen „Wissenschaft", sie, von der wir ja im Unterbewusstsein doch alle Hilfe erwarten, die aber heute nicht in das Wirtschaftsleben, noch in das Rechtsleben, noch in das – sage und schreibe – Geistesleben (Pädagogik) eingreifen kann (nicht eine der vier Fakultäten), oder erst mühsam durch die verknöcherten Hinderungen einzugreifen beginnt, obwohl ganz allein nur sie fähig sein wird, das Chaotische und Drohende der heutigen Zeit gesund machen zu können.

Die Wissenschaft wird es natürlich nur können, indem sie sich ändert, indem sie von einer technisierten Anschauungsweise oder von einer Sach- und Ding- und Messwissenschaft zu einer Wissenschaft über das Wesen des Menschen wird, zu einer Wissenschaft über die Seele und den Geist des Menschen – zu einer Geisteswissenschaft wird, oder indem eine solche Menschenwissenschaft neben der anderen, die jetzt herrscht, sich mehr und mehr bildet und wirksam wird.

Bevor die Atombombe bekannt wurde schrieb ich: Dass die Menschheit heute an einem Wendepunkt ist, vor gefährlichster Klippe, wo es sich um Sein oder Nichtsein handelt, wo alle Mann an der Mitarbeit auf Deck sein sollten, und alle Frauen, das erkennen wir dann ganz klar, wenn wir uns bewusst machen, dass die imposanten äusseren Errungenschaften, aus grössten Teilsfähigkeiten entstammend, eine Lostrennung von Urteilen, das heisst von Erkenntnissen über Urgeschehnisse, Urteils-Unfähigkeiten zur Folge hatten. Dies stellt aber (als Materialismus) nichts weniger als den extremen und krassen Gegenpol dar zu dem, was alle Menschheit und alle Völker je seit Ur-beginn in den Bemühungen und Kultur am allermeisten beschäftigte, nämlich: „Die Rückbindung an den höheren Ursprung". Rückbindung heisst; religio. Religion, aus dem lateinischen Verb re-ligare, heisst rück-binden, anknüpfen, bedenken. Das Anknüpfen an höhere, nicht materielle Angelegenheiten mit dem Bewusstsein, das gibt seit je nur die Möglichkeit zu Kultur. Kultur als Begriff für Entwicklung der Menschheit, kommt von dem lateinischen Wort cultura oder cultus, gleich Pflege, Übung, Verehrung eines Geistigen, was nicht von selber geht. Kultur im Sinne von Pflege eines Körperlichen heisst im Lateinischen: cura. Kultur heisst Bildung, Übung, Pflege von Ur-Gedanken, die sich nicht von selbst einstellen. Ohne diese, ohne re-ligare zu solchen, ohne Rückbindung ist wahrer Menschheitsfortschritt (Kultur) gar nicht denkbar, sondern allenfalls nur ein solcher im Sinne von Zivilisation (civis = der Bürger, civilis = bürgerlich, privat), also im Sinne von „unkultivierter Verbürgerlichung", usw.

Wir dürfen sagen: Die Krise besteht so lange, als wir nicht unterscheiden, was heute von selber geht und was nicht von selber geht, so lange, bis wir nicht ein Bewusstsein davon, was nicht von selber geht, in unseren Alltag einsetzen.

Wir dürfen sagen, dass unsere Not, das Näherrücken zur letzten zukünftigen Explosion so lange sich steigernd bleibt, als wir nicht das Einsetzen eines Willens gegen diese urwesentliche, im heutigen Menschen besonders tragisch liegende Eigenschaft des Nicht-Unterscheidens zu unserer eigenen, innigsten, persönlichsten und unentbehrlichsten Angelegenheit werden lassen.

Die irdischen Angelegenheiten sind dafür da, um an ihnen das Denken, die Sprache und die moralischen Impulse zu üben, und nicht umgekehrt, wie wir in Flüchtigkeit zu meinen gewohnt sind; die Sprache oder das Denken sei da, um unsere irdischen materiellen Angelegenheiten besser erfüllen zu können.

Nicht durch das Fühlen, sondern durch das Denken (durch die Verantwortung dem Leben und dem Denken gegenüber) wird unser vom Schicksal veranlagtes Gefühls- und Empfindungsleben gereinigt, verstärkt und erhöht, unsere Willensimpulse vertieft; durch das Fühlen allein kommt alles in ein uferloses oder durch die Natur begrenztes Schwimmen.

Das Denken (und die Sprache) ist nicht für uns da, sondern: Wir, unser ganzes Schicksal, unser ganzes umfängliches, äusseres Leben, sind für das Denken da.

So ist es, und nicht anders.

Die aus dem Wesen der Sprache (aus dem Wesen des vom Physisch-Seelischen losgetrennten Denkens) sich offenbarenden Tatsachen sind etwas so Schönes, dass es sich wohl lohnt, sich in ihm sinnvoll aufgehoben zu fühlen. Die Schwere aller Verantwortung dem Leben gegenüber wird uns, um es so zu sagen, abgenommen, wenn wir uns ganz dem Bewusstsein – dem Denken, dem Wesen der Wahrheit – überlassen. In diesem Bewusstsein fühlen wir eine Verantwortung, die froh und stark macht. Wir werden vertrauensvoll, zufrieden und dankbar und uns ganz darin beheimatet finden, auch wenn Zweifel, Nöte oder Skrupel uns befallen. Keine Sprache reicht eigentlich aus, dieses Gefühl zu beschreiben, doch in diesen Worten, „Das Leben kann uns nichts mehr antun. Es wird uns, wie es auch sei und werde, ständig wertvoller", liegt das ganze, offenbar werdende Geheimnis dieses erlangten Bewusstseinsgrades.

Wenn wir nun des weiteren Rückblicke machen zu einigen gern vergessenen, aber unvergesslich geltenden Ereignissen und Persönlichkeiten, aus denen unsere Gegenwart sich im Guten aufbaute, so geschieht es nicht nur, weil es ohne Rückwendung (um das lateinische Wort re-ligio zu vermeiden) gar nicht mehr lange weiter gehen kann, sondern besonders deshalb, um ein Sprachorgan (wenn wir es so nennen dürfen) herauszubilden durch ein Zeichen, das uns Einsichten übermitteln kann, die wir sonst verschweigen müssen.

Vor den Beispielen aus der Geschichte des Geburtslandes unseres Zeichens soll noch eine Betrachtung eingeschaltet sein über das, was sich uns zeigen kann, wenn wir einer politischen Parteiversammlung beiwohnen. Und zwar sei diese Betrachtung aus gleichem Grund angestellt wie vordem, immer, um für unser Zeichen eine klarere Ausdruckssprache zu gewinnen, die uns mehr sagen kann als viele lange umständliche Worte.

Wir besuchen eine politische Kundgebung. Wir betreten einen Saal; gefüllt mit Menschen. Wir gehen vorurteilslos hin, also los von irgendwelchen vorgefassten Meinungen, Wünschen, Hoffnungen oder Erwartungen. Wir sehen gleich am Ausdruck oder Verhalten vieler Besucher, dass sie bestimmte Hoffnungen oder Erwartungen schon mitbringen und (gespannt) bereit sind, die in ihnen brennenden Flammen der Begeisterung oder Empörung schüren zu lassen. Festliche Aufmachung des Raumes, Fahnen in Nationalfarben usw., um Gefühle des

Wohlseins, der Heimat, der Sicherheit und des Rechthabens zu erzeugen, die nicht aus selbstständigem Erkennen, sondern aus kollektivem Getragensein entstehen. Dies ist auch beabsichtigt, nicht aber ein Erkennen in Freiheit ... Ja, diese festliche Aufmachung: Ein grosses Fahnentuch in des Vaterlandes Farben, ein Stück der Wand hinter dem Hauptredner deckend. Auch bei einer wirtschaftspolitischen Versammlung ist es so, als ob das Vaterland spräche. Man wird dadurch warm, es gibt Mitglieder, man hat Erfolg. Die Leistung eines Landes, symbolisiert durch das Landesabzeichen, suggeriert einem eigene Kraft. Man gelangt da zu einem Selbstbetrug, und so wird es ein Massenbetrug, oder, schonender ausgedrückt, es findet da ein unlauterer Wettbewerb um die Seele des Teilnehmers, des Zuhörers oder Zuschauers statt. Die Gefühlsregungen werden gesteigert, die Empfindungen künstlich verstärkt. Der Mensch geht damit auf eine Stufe der unkontrollierten Gefühle. Er lebt dadurch nicht in der Wahrheit der höheren Menschen-Natur sondern in jener Empfindungs-Natur, die ihm nicht als Wertstufe zukommt und darum nicht nur zu Unwert wird, sondern zum Verderben führt.

Eigenartig ist ein Menschheitsinstinkt heute, dass man spürt, wie die Nationalismen zu Tode führen; darum fangen sie an, sich zu lockern – aber leider ohne Erkenntnis. (Wo neue entstehen, neue „freie" Völker, wird es manchmal ganz schlimm. Sie nehmen nur das Äussere an.)

Die Abhandlung über politische Versammlungen mit all den psychologischen Betrachtungen könnte zu lang, zu ausführlich werden. Darum will ich nur einseitig etwas von dortigen Verhaltensarten und Ausdrucksweisen berichten, wie sie zu meinem eng umschriebenen Gesamtthema nötig sind. Es handelt sich dabei meistens statt um allgemein menschliche Gesichtspunkte um die Gefühlswerte, die seelischen Aspekte, wie sie aus Temperament, Volkscharakter und persönlichen Ansichten entstehen. Es zeigt sich dort, dass man keine Ahnung hat von der alle sozialwissenschaftlichen Gebiete überragenden Lehre der „Dreigliederung des sozialen Organismus", wie sie Dr. Rudolf Steiner vor Ende des ersten Weltkrieges in die Welt setzte und zwar genau 600 Jahre nach dem ersten, so auffallend im Sinne dieser Dreigliederung im Zentrum Europas stattgefundenen grossartigen Ereignis, von dem noch gesprochen werden wird (hier im „vierten Ereignis"). Es hat merkwürdigerweise geographisch im gleichen Gebiet stattgefunden, in welchem später das Zentrum dieses Lehrfaches der Dreigliederung sich bildete.

Wie ich sagen hörte, wird in keiner der üblichen Hochschulen (Universitas litterarum) darüber, über die Dreigliederung, über Freiheit im Geistesleben, Gleichheit im Rechtsleben, Brüderlichkeit im Wirtschaftsleben, doziert. Kein Wunder, dass darum die höchsten Politiker mit ihren gewaltigen Denkköpfen die Welt in den Untergang zu wursteln drohen. Ja, indem sie 1. Rechtsleben (Politik), 2. Wirtschaftsleben und 3. Erkenntnis des Menschenwesens (Geistesleben), von denen jedes Gebiet seine eigenen, wunderbar ordnenden Gesetze hat, durcheinander mischen wie Spielkarten, wobei das überordnende Prinzip – Freiheit im Erkenntnisleben (Geistesleben) – eine beinahe unsichtbar untergeordnete (oder keine) Rolle einnimmt.

Da sind aber nicht sie, sondern die veralteten Universitäten daran schuld, die in den neusten technischen Wissenschaften (und Chirurgie) sich zwar in Tüchtigkeit zu überbieten trachten, darum aber nicht glauben, dass sie veraltet und im Menschlichen untauglich sind.

Ja, gerade dort in solchen Versammlungen wird nicht über die „Dreigliederung des sozialen Organismus" gesprochen, sie ist nicht bekannt und dementsprechend sind dort auch die Verhaltungsweisen. Statt des ruhigen sachlichen Geistes in der Rede zeigt sich die Erregung. Die Kraftausdrücke werden gedonnert. Mit einer gefangennehmenden Logik der Gedankenkonstruktionen werden die (dort öfters als man glaubt) falschen Fundamente der Forderungen in den Herzen der Zuhörer patriotisch überwischt. Man spricht von Kampf bis aufs Blut, wenn es sein muss, von Bereitschaft, sein eigenes Leben zu opfern, wobei diese, die so sprechen, aber nicht bereit sind, etwas von ihren roten Zorneigenschaften zu opfern. Ja, in Zorn wird man rot. Bei Beherrschung oder Bewusstseins-Anwesenheit kann man nicht rot werden. Eine Ausnahme bildet die Schamröte.

Frage: Wo kommt die Eigenschaft des Zornes, der Gefühlswallungen in der Natur am stärksten zum Ausdruck? Wir können sie bei einer Affengattung im Zoologischen Garten beobachten. Dort erkennen wir vielleicht am Deutlichsten vom gesamten Tierreich, wie sich das Leben des Tieres in Gefühlsimpulsen erfüllt. Ohne auffallend sichtbaren Grund kann dieser Affe in den grössten Zorn geraten. Mit fürchterlichen Grimassen springt er ans Gitter, wendet sich in schrecklichem Zornanfall gegen den Betrachter, um, quasi in der gleichen Sekunde, wieder eine Stellung des äussersten Wohlbehagens einzunehmen. Er gähnt dann andauernd, aus tiefstem Wohlgefühl, und fällt dann unvermittelt wieder in einen Ausbruch des Zornes und Hasses. Ohne Übergang wechseln Wohlbehagen und Gähnen mit Zornausbrüchen ab. Diese beiden Gefühlsäusserungen haben denselben Urgrund.

Nun kommt es etwas stark, und der Leser könnte geneigt sein, die kurze folgende Betrachtung auch als aus Zorn entstanden anzusehen. Dem ist aber nicht so. Es liegen ihr ganz ruhige Beobachtungen zu Grunde.

Versuchen wir einen Vergleich aufzustellen, in welchem Tätigkeitsgebiet der Mensch diesen beiden Gefühlshaltungen am nächsten steht, so kommen wir auf das politische Leben, so wie es heute ist. Die Anlässe der Betätigung in ihm sind nicht vorwiegend ordnende Impulse, sondern wirtschaftliche Interessen einerseits und Gewaltmittel andererseits. Die ersteren zeigen sich oft als enge, nationale kurzsichtige, zur Befriedigung des egoistischen National-Wohlgefühls; die Gewaltmittel, die einer impulsiven, kurz gesehenen, direkt ein Ziel erreichen wollenden Zorneigenschaft entspringen, zeigen sich in allen Ländern in ungeheuren Waffenaufrüstungen.

Wo ist der Seelenzustand der Wut am klarsten organisch verkörpert? Im Büffel. Wird der Büffel gereizt, so rennt er geradeaus, aber wirklich geradeaus ins Verderben. Und wenn ein Mensch aus Leidenschaft und Hass oder blinder Begeisterung auch sein Leben „opfert", damit sein Ziel erreicht werde, so kann es so wenig heldenhaft und sinnvoll sein, als das sich opfern des Büffels sinnvoll ist.

Ich weiss, ich stelle da etwas sehr extreme Seelen-
haltungen hin, von welchen sich zwar immer zumindest
Spuren bei solchen Anlässen zeigen, und so frage ich
mich, ob mit diesen kurzen Ausrissen aus einer politischen Kampagne von den Grundelementen der inneren
Haltungen dort nicht etwas von dem verdeutlicht ist,
wie sie sich dann aus der Farbe unseres Zeichens viel
schneller und klarer aussprechen?

Vielleicht gehört noch hierher die Darstellung eines
anderen Redners, dessen Ruhe, Besonnenheit, Umsich-
tigkeit und Beherrschtheit dem Ausdruck des hellen
Kreuzes sich nähert, das sich immer durch ein Tragendes, Ertragendes und Aufgerichtetes charakterisiert und
in das rote Feld, dem Zeichen des Umstürzlerischen, Naturtriebhaften, hineingesetzt ist.

So hoffe ich, dass mit diesen wenigen Beispielen sich
wieder etwas mehr von der Sprache des roten Elements
kennzeichnet.

Rückblicke – Erstes Ereignis

**zu Persönlichkeiten und Vorkommnissen
der näheren und weiteren Vergangenheit
in sieben Betrachtungen.**

In dem, was ich als **Erstes Ereignis** bezeichne, stelle ich etwas aus dem Leben Pestalozzis dar, um vom zweiten Vorkommnis an, das über siebenhundert Jahre zurückliegt, von der Geburt unseres Zeichens, dem Weissen Kreuz auf dem roten Grund, dann aufzusteigen bis zur Jetztzeit.

Nicht nur was Pestalozzi sagte, sei uns hier das Bedeutungsvollste (das ging zu einer Zeit grad so gern in ein Ohr der Menschheit hinein, wie zu anderer Zeit wieder hinaus), sondern auch was er war, und zwar gerade in Bezug auf unser so falsch geachtetes Zeichen, als dessen Verkörperer – geistiger Realisator – mit seinem Denken und Tun er angeschaut werden darf.

Aber, um einem Missverständnis vorzubeugen, nicht des Zeichens als einem nationalen, sondern dessen, was es ist, des Weissen Kreuzes, das in eines umgebendes Rot eingesetzt ist. Darum müssen wir von seinen Ausdrücken, aus seinen Reden und Schriften hier einiges anführen. Es kam ihm nicht auf eine Anhäufung des Wissens an bei seinen Zöglingen, sondern auf das Wachsen ihrer menschlichen Kräfte und ihrer Urteilsfähigkeit. Er sagte: „Es konnte nicht anders kommen, Europa musste seines Volksunterrichts wegen in den Irrtum oder vielmehr in den Wahnsinn sinken, dem es wirklich unterlag."

Man könnte denken, das sei erst vor Kurzem ausgesprochen worden. Denn die Not in Europa ist nicht geringer als vor 150 Jahren. Dass der Wahnsinn im Zentrum

Europas (nicht nur ausserhalb) wirklich grösser ist als damals, und warum er es ist und wie lang er etwa noch dauern könnte, wird mit dem Verständnis der Sprache unseres Zeichens in vielen deutlich werden können.

Aus einem Wort „an meine Zöglinge": „Kinder: Gottes Natur, die in Euch ist, wird in Euch heilig geachtet. ... wir hemmen nicht Eure Neigungen, wir entfalten sie nur; wir legen nicht in Euch hinein, was unser ist, wir legen nicht in Euch hinein, was durch uns selber verdorben also in uns vorliegt, wir entfalten in Euch, was unverdorben in Euch selber vorliegt.

Es ist fern von uns, aus Euch Menschen zu machen, wie die Mehrheit unserer Zeitmenschen es sind. Ihr sollt an unserer Hand Menschen werden, wie Eure Natur will, wie das Göttliche, das Heilige, das in Eurer Natur ist, will, dass Ihr Menschen werdet ... wir setzen uns bei unserem Tun nicht Euren Verstand, sondern Eure Menschlichkeit zum letzten Ziel unserer Bemühungen."

Weiter sagt er: „Es ist für den gesunkenen Erdteil keine Rettung möglich, als durch die Erziehung, als durch die Bildung zur Menschlichkeit, als durch die Menschenbildung! ... eine radikale Rettung unseres Weltteils von den Übeln, unter denen er leidet, ist nur möglich durch eine unserer Natur gemässe sittliche, geistige und physische Individualbesorgung unseres Geschlechts."

„Der erste Unterricht des Kindes sei nie die Sache des Kopfes, er sei nie die Sache der Vernunft – er sei ewig die Sache der Sinne, er sei ewig die Sache des Herzens, die Sache der Mutter. Der menschliche Unterricht gehe nur langsam von der Übung der Sinne zur Übung des Urteils, er bleibe lange die Sache des Herzens, ehe er die Sache der Vernunft, er bleibe lange die Sache des Weibes, ehe er die Sache des Mannes zu werden beginnt."

„Ist es nicht wahr ... je freier der Spielraum und je grösser die Gewalt von jeder Behörde ist, die die gesetzlich konzentrierte Gewalt dieser Massen repräsentiert, desto leichter löscht sich auch der göttliche Hauch der Zartheit des menschlichen Gemüts in den Individuen dieser Menschenhaufen und dieser Behördenmenschen auf, und ebenso gehen auch die tieferen Fundamente der Wahrheitsempfänglichkeit in ihnen in den gleichen Grad verloren?"

„Die Bildung zur Menschlichkeit, die Menschenbildung und alle ihre Mittel sind in ihrem Ursprung ewig die Sache des Individuums und solcher Einrichtungen, die sich eng und nahe an dasselbe, an sein Herz und an seinen Geist anschliessen. Sie sind ewig nie die Sache der Menschenhaufen. Sie sind ewig nie die Sache der Zivilisation."

„Das Individuum, von Wahrheit und Liebe in sich selber (gegen das Höhere) und den Nächsten ergriffen, ist die einzige reine Basis der wahren Veredlung der Menschennatur und der sie bezweckenden wahren Nationalkultur. Was der Staat und alle seine Einrichtungen für die Menschenbildung und für die Volkskultur nicht tun, und nicht tun können, das müssen wir tun.

Unwissenheit ist besser als Erkenntnis, die nur Vorurteil und Brille ist. Und langsam selber auf eigene Erfahrung kommen, ist besser, als schnell Wahrheiten anderer Leute auswendig lernen."

VI.

Was Pestalozzi war, vernehmen wir aus dem, wie er kämpfte um der Wahrheit willen.

Er wollte die Menschen schulen, ordnen (zu ordentlichen machen), wollte nützen, wollte ihnen mit seiner Liebe geben, was in ihm war. Er zeigte ihnen das Heilige, das Göttliche im Menschenwesen; er zeigte aber auch die Widerwärtigkeiten im Menschen auf, die Triebhaftigkeiten, die Schläfrigkeiten, die verantwortungslosen Gleichgültigkeiten, die Egoismen. Aber nicht etwa nur in Worten, er betätigte sich in der Abwehr, sammelte verwahrloste Kinder, gab ihnen Heimat und Schule, Kleider und Nahrung und nahm dabei Opfer, Schmerzen und Beleidigungen auf sich.

Beim Menschen, den er als höheres Wesen verstand, sah er die Mängel, die Leidenschaften, das Blutmässige: Immer wieder spricht er vom bürgerlichen Tiersinn; er sah all das, was durch die Farbe Rot, so, wie wir sie in unserem Fall im Banner erkennen, sich ausspricht.

Man erinnere sich doch, auf welche Weise das Rot als Erscheinung im Prisma oder der Natur sich bildet. Oh, wenn doch nur jeder Mensch sich ein Glasprisma kaufen würde! Es kostet weniger als ein Kinobillet. Man erhält durch das Prisma neue Erlebnisse, Erlebnisse des Staunens, der Ehrfurcht, man kann dadurch auf neue Wege gelangen.

Beim Studium des Prismaphänomens oder beim Spielen mit dem Prisma erfährt man, dass sich Rot bildet, wenn die schattige, dunkle Luftschicht neben dem Lichtstrahl über das Helle dieses Lichtstrahles geschoben wird. Am besten sieht man dieses Phänomen, wenn man mittels des Prismas einem Sonnenstrahl in eine nicht zu helle Zimmerstelle projektiert und dann gar noch etwas Rauch in diesen Lichtstrahl hineinbläst. Auf gleiche Art kommt die Erscheinung der Farbe Rot in der Natur zustande, wenn vor der tief stehenden Sonne nahe dem Horizont sich eine weite, durchsichtige Luftschicht als trübendes Medium lagert und ihre Leuchtkraft hindert, zurückdämpft. Dort erlebt man ja immer deutlich: Rot ist die Farbe des aufgehaltenen Lichtes, und das ist, in Bezug auf den Menschen, das aufgehaltene oder abgedämpfte Bewusstsein.

Und so wie Pestalozzi mit seinem ganzen hohen Tun und seiner mächtigen Sprache Licht in der Menschen dumpfen, rot-trüben Dämmerzustand bringen wollte, so stellte er mit seiner ganzen Person den Ausdruck von dem roten Feld mit dem Weissen Kreuz darin dar, er, als ein Tragender und Aufgerichteter (nach oben Gerichteter), von absolutem Wahrheitsdrang und von mächtiger Liebe durchseelter Mensch.

Wenn Pestalozzi, wie angedeutet, mit seinem ganzen Wesen Ausdruck ist von unserem Zeichen, so ist er es auch darum, weil dieses Zeichen, das rote Feld mit dem Weissen Kreuz darin, die Umwendung vom roten Kreuz darstellt. So sollte es auch mit auf dem Titel des Buches stehen: „Die Umwendung vom Roten Kreuz."

Denn das Rote Kreuz ist uns vor allem Ausdruck für Hilfeleistung, während das ganze Trachten Pestalozzis darauf hinwies, dass nicht Hilfeleistung sondern Kräfte-Erweckung ihm vorwiegend wichtig war, damit die Menschen befähigt werden, sich selber zu helfen.

Und das wird ja auch die Haupt-Wirkensmöglichkeit des roten Feldes mit dem Weissen Kreuz darin sein:

Kräfte wecken durch Bewusstseinsförderung, Bewusstseinsforderung beim einzelnen Menschen, in einem Volk, als auch in den Völkern, im privaten Seelenleben wie im öffentlichen Dasein; im politischen Leben, im Wirtschaftsleben, im Erkenntnisleben des menschlichen Geistes.

Fragen wir aber, Bewusstseinsförderung über was? Über das, was sich aus dem Erleben des Buchinhaltes im eigenen Leben ergibt, über, um etwas Weniges zu wiederholen, über das in unserem Wesen, was uns hindert am Denken, am unbequemen Denken, am richtigen Fragen; was uns zurückhält, unegoistisch zu empfinden. Bewusstseinsförderung über das, was von selbst geht und das, wozu es unseres Willenseinsatzes bedarf; über das, was menschlich ist und das, was eben auf jener anderen Stufe steht, auf welcher wir nicht bestehen bleiben können.

In anderen Worten, auch wenn es die langweilt, die sich gehen lassen wollen, Kräfte-Erweckung durch Bewusstseinsförderung über das, was unser Zeichen, das Weisse Kreuz im roten Feld aussagt: über das Triebmässige, welches als Tiernatur im Menschen von selbst da ist, über die Bequemlichkeit des Wohlseinswollens, oder wie Pestalozzi es formuliert, „den bürgerlichen Tiersinn", was alles im roten Feld ausgedrückt ist, in welches aber, so, wie das Weisse Kreuz in demselben willentlich hineingesetzt ist, wir selber als die Tragenden, Ertragenden und Aufgerichteten willentlich darin stehen sollen.

So stellt sich dieses bildlich dar und spricht sich aus durch das Leben und Schaffen Pestalozzis selbst.

„Wie beschwor Pestalozzi", um mit Englert-Faye zu sprechen, „mit der ganzen Wucht innerer Entscheidung, die nur erlittene Wahrheit dem Menschen verleihen kann, ‚den Ernst, die Unschuld und den Edelmut seines Vaterlandes' – dem Geist zu geben, was des Geistes ist" –, in jenem „Wort einer über Zeit und Stunde erhabenen Ahnung, mit Mut und Demut seiner Mitwelt dargelegt und mit Glauben und Hoffnung seiner Nachwelt hinterlassen als Sühnopfer auf den Altar der Menschheit" ... jenem Wort über „die Bildung zur Menschlichkeit, die Menschenbildung" ..., das schon erwähnt wurde, in dem es weiter heisst: „Die erste, die kollektive Existenz unseres Geschlechts nimmt an sich und als solche vorzüglich diejenigen Kräfte und Anlagen unserer Natur in Anspruch, die wir mit den Tieren des Feldes gemein haben, des nahen hat auch die Bildung zur Zivilisation wesentlich und vorzüglich die Ausbildung eben dieser Kräfte und Anlagen zum Gegenstand, woraus denn folgt, dass diese Bildung, wie sie an sich und isoliert in ihrer Beschränkung dasteht, nichts anderes anspricht und ansprechen kann als gesellschaftliche Ausbildung des tierischen Sinnes und der tierischen Kraft unserer Natur ..."

„Die zweite, die individuelle Existenz unseres Geschlechts nimmt im Gegensatz gegen die kollektive den ganzen Umfang unserer Kräfte und Anlagen und besonders diejenigen in Anspruch, die wir mit keinen Geschöpfen der Welt, die nicht Menschen sind, gemein haben. Daher ist denn auch die aus dem Bedürfnis dieser Existenz hervorgehende Kultur geeignet, den eingeschränkten und die Menschennatur nicht befriedigenden Erfolg der Zivilisationsbildung menschlich auszudehnen, zu erheben und zu veredeln ..."

„Wir sind gewarnt, wie die Welt selten gewarnt worden ist! Tausend blutende Wunden rufen uns zu" (wie viel tausendmal mehr heute?). „Tausend blutende Wunden rufen uns zu, es ist dringend, dass wir uns einmal über die Quelle der bürgerlichen und gesellschaftlichen Zivilisationsverirrungen erheben und einmal in der Veredelung unserer Natur selber die Mittel gegen alle die Leiden und alles das Elend suchen, gegen die wir nicht als erschrockene Schwächlinge, sondern als Männer auftreten sollten."

„Lasst uns Menschen werden, damit wir wieder Bürger, damit wir wieder Staaten werden können und nicht durch Unmenschlichkeit zur Unfähigkeit des Bürgersinns und durch Unfähigkeit des Bürgersinns zur Auflösung aller Staatskraft, in welcher Form es auch immer geschehe, versinken."

„Vaterland! Dein kleines Schwert ist das allergeringste von allen den Mitteln, die in deiner Hand liegen, deinem Volk Gutes zu tun.

Vaterland! Lehre deinen Knaben nicht dieses Mittel für das Höchste achten. Es könnte zu hoch geachtet leicht in ein Mittel ausarten, das alte wesentlich Gute, das du heute bedarfst, in dir zu paralysieren und in einen Zustand der Lähmung zu versetzen. – Nein, Vaterland, nicht das Schwert –nein! nein! Licht! Licht über dich selbst, tiefe Erkenntnis der Übel, die gegen dich selbst in dir selbst liegen, Erkenntnis des wahren Zustandes deiner selbst, das ist, was dir Not tut."

Es sei fern, zu glauben, dass diese Art von Pestalozzis feurigen Worten eine Ähnlichkeit habe mit den heutigen Tages üblichen pazifistischen Postulaten. Während diese letzteren aus Leidenschaft entstehen (ich komme darauf zurück), kamen die Rufe Pestalozzis aus der Genialität des Herzens, aus der Liebes-Wärme. Aber solche, seine Hinterlassenschaft, wurde von der Menschheit, den Erben, die wir selbst sind, nicht angenommen. Um uns etwas zu entschuldigen, wollen wir vermuten, diese Rufe Pestalozzis seien gewissermassen um 150 Jahre zu früh ertönt, eben aus „einer über Zeit und Stunde erhabenen Ahnung, mit Mut und Demut ... und Hoffnung seiner Nachwelt hinterlassen ... als Sühnopfer auf dem Altar der Menschheit ...“

Wohl war es so: Die Zeit der allgemeinen technischen Spitzenkletterei musste erst angerückt sein, das Herannahen des technischen Welttornados musste erst Tatsache werden.

Heute aber darf man sagen – heute, nicht gestern: Vaterland! Dein kleines Schwert ist nicht nur das geringste von allen Mitteln, die in deiner Hand liegen, deinem Volk Gutes zu tun, sondern (es ist) das allerverderblichste. Es fördert uns nicht, es fördert nichts in uns. Darum täuscht es uns. Es imponiert uns und täuscht uns. Es wiegt uns in Sicherheit, obwohl es im Ernst grössere Gewalt anfordern wird.

Es bringt uns um unsere viel grössere Aufgabe. Es lässt diese nicht aufkommen in dem Land der Mitte, das – als Verkörperer der Freiheit – in Europa zu ganz anderem bestimmt ist. Es schwingt mit in den Trieb und der Unfreiheit der Technik.

Das Land der Freiheit wird, vermeintlich aus Freiheit, in einem Zwang mitgerissen in die Sturzflut der Technik, der Technik im Allgemeinen und der Waffentechnik im Besonderen.

Es ist mir bewusst, dass man mit dem obigen Abschnitt „Heute darf man sagen ..." noch nichts anfangen kann. Das Medium zum Verständnis ist noch nicht offen da, noch nicht sichtbar entwickelt oder aufgedeckt, aber es ist entdeckt und wird sich zeigen.

Vaterland! Dein kleines Schwert ist nicht nur das allergeringste von allen den Mitteln, die in deiner Hand liegen, deinem Volke Gutes zu tun, sondern es ist das verderblichste!

Mit diesem Wort, in Gedenken und zu Ehren Pestalozzis, will ich diesen Aufsatz über Pestalozzi abschliessen.

Es ist dieses Wort gar nicht etwa harmlos oder leicht hingeworfen, um es ohne Folgerung zu lassen, und es wird seine fundierte und darum vielleicht verstehbare Fortsetzung finden.

Rückblick – Zweites Ereignis

Nun etwas von dem, was ich hier unter Rückblicke als Zweites Ereignis bezeichne.

Im Jahr 1289 leisteten fünfzehnhundert Schweizer Rudolf von Habsburg Gefolgschaft; ihre Tapferkeit brachte ihm den Sieg. Zum Zeichen des Dankes heftete Rudolf an das rote Feldzeichen der "Schwyzer" ein Kruzifix und gab ihnen das Recht, das Kreuz auf dem roten Grund fortan in ihrem Banner zu führen.

Wir dürfen diesen Moment als die Geburt des Weissen Kreuzes im roten Feld betrachten.

Obwohl dieses gleiche Zeichen (das Weisse Kreuz auf dem roten Grund) als Reichs-Sturmfahne schon geraume Zeit vor jenem Jahr in den Ländern um die Schweiz herum gebraucht wurde und auch nachher noch längere Zeit in ihnen in Verwendung war, hat es sich – und das ist auffallend – nur in der Schweiz bis auf unseren Tag erhalten.

Es ist heute nicht gut verständlich, dass zum Dank für eine kriegerische Leistung gerade das christliche Symbol übergeben wurde; denn es ist ja nicht unbedingt gerade christlich, Krieg zu führen. Auch durch Mannestreue und Tapferkeit einen Sieg zu erringen, entspricht dies besonders dem Kruzifix, Symbol des Banners? Es hätte gerade so gut irgendein anderes Zeichen in das rote Kriegsbanner eingesetzt werden können, etwa ein Lorbeer- oder Eichenkranz, oder ein Stern, was wohl eher dem Sinn der damaligen Begebenheit entsprochen hätte. Nun ist es aber so geschehen.

Dass dann in der Folge dieses Zeichen all die Jahrhunderte hindurch vorwiegend in der Anwendung als

Feldzeichen verwendet wurde und sich trotz einiger Umwandlungen, die an sich wesenlos sind, im Prinzip rein und in konzentriertem Ausdruck in das geographische Zentrum Europas zurückzog und sich da, trotz Verwandlung vieler Dinge, schon das siebente Jahrhundert erhalten und zum Landesabzeichen gemacht hat, während es in den umgebenden Ländern sozusagen gänzlich verschwunden ist, das ist uns ebenso wenig gut verständlich.

Wir können das nur verstehen, wenn wir diese beiden Umstände als ein Phänomen, ein Mysterium, betrachten wollen.

So wie es ein Mysterium und ein Phänomen ist, dass ein Mensch geboren wird, oder, um dies noch deutlicher aus den Ergebnissen Geistesgeschulter anzuführen, dass in der dritten Woche nach der Empfängnis die Seele in das sich bildende Menschenwesen hineinfährt, um dann doch nach meist vier Jahrzehnten erst beginnen zu können, als ein dem Seelischen und Geistigen bewusst geöffneter Mensch da zu stehen – so ist es auch bei diesem Zeichen ein Phänomen, dass nach dieser lang verflossenen Zeit für es der Zeitpunkt gekommen sein könnte, erst jetzt zum Wappen oder Abbild von dem zu werden, zu dem es seinem Inhalt nach da ist.

In anderen Worten:

So wie die verschiedenartigsten Bedürfnisse und Wünsche und Bemühungen des aufwachsenden Menschen bis zu dem oft sich zeigenden Wandlungsmoment bei Beginn seines siebten Lebensjahrsiebts die Aufgabe haben, den Menschen zum eigentlichen und einzigartigen Menschen zu machen, und so wie die mannigfaltigsten Betätigungen, Anstrengungen und die Umgebung des Menschen bis zu jenem Moment vorerst gar nicht direkt etwas zu tun haben brauchen mit dem, was ihn dann als Mensch zu erfüllen obliegt von diesem Zeitabschnitt an, nach seiner dann oft eigentlichen, neuen Seelen- und Geistgeburt, zu der er da ist, – so ist es auch hier, bei dem Weissen Kreuz im roten Feld.

Die verschiedensten Anwendungen desselben hatten die Aufgabe, es durch die Zeit zu erhalten, es in die sozusagen älteste und bisher solideste Republik Europas zurück zu retten, damit es zu gegebener Zeit zu dem Einzigartigen werde, zu dem es notwendig werden muss; und die mannigfaltigen Schicksalswege und Wandlungen, die es mitmachte, und die Bedeutung, die es hatte während der circa 700 Jahre seines Bestehens brauchen nicht in Ähnlichkeit direkt etwas zu tun zu haben mit dem, wie es schliesslich in geistigem Ausdruck und seelischer Wirkung dasteht, rein seinem Inhalt entsprechend, für den es da ist.

Wenn sieben Jahrhunderte verfliessen mussten, damit es seiner eigentlichen Bedeutung zugeführt werde, so hat diese lange Zeit ein Phänomen oder wie die Metamorphose einer Pflanze oder eines Menschen ein Phänomen oder ein in höherer Absicht geschehender Prozess ist, den wir einfach als solchen hinzunehmen haben.

Wenn es früher im Wesentlichen militärischen Zwecken diente (sowie Sänger- und Schützenfeste), so besagt das nicht, dass dies seinen inne liegenden Charakter gemäss war und dass es fernerhin vorwiegend in solchem Sinne – als militärisch-staatliches Abzeichen – verwendet werden müsste.

Wenn es auch schon vom Ende des 13. Jahrhunderts an in geringem Mass seinem Inhalt entsprechend zu Treue mahnte und aufforderte zu Mannes- und Pflichttreue, und, entgegen eigenen vitalen, egoistischen Interessen, zu (wenn nötig) selbstloser Hingabe von Leib, Leben und Blut im Kampf gegen andere Menschen, so gilt es heute vorwiegend als Ausdruck der Treue sich selbst und der Erkenntnis seines eigenen Menschenwesens gegenüber. Es kündet uns von den Elementen unseres Selbstes und ruft zum Kampf gegen die Unbewusstheit der inneren Gebote, zur selbstlosen Hingabe in der Betätigung aus dieser Erkenntnis.

Wenn dieses Zeichen früher jeweils in besonderen, schweren und chaotischen Momenten der Eidgenossenschaft als Hilfe angerufen wurde zur Festigung des Glaubens an die göttlichen Mächte und die höhere Bestimmung der Menschheit, so gilt es heute als Aufruf und Hilfe in jedem Zeitpunkt und für jeden Punkt im Alltag, an dem man steht, zur Bewusstmachung der in einem selbst liegenden höheren Menschbestimmung, zur Erkenntnis (und Befolgung) des Willens und der Absicht, aus der man selbst als Mensch auf der Erde da ist.

Früher galt das Banner vom Weissen Kreuz auf dem roten Grund (wie es in der damaligen Zeit das Gegebene war) als Feldzeichen zur Anfeuerung und Hilfe im Aufruf zum gemeinsamen Kampf gegen den Feind. Heute gilt es, wenn man so sagen will, auch als Feldzeichen, als Feldzeichen zur Anfeuerung und Hilfe in dem grössten Kampf, den es in der Menschheit gibt: Gegen den wichtigsten und mächtigsten Feind, der je möglich ist, den Feind, den der Mensch in sich selber birgt durch seine Zweipolarigkeit: das rote Element in ihm, das als

Naturgewalt unbewusst und triebhaft herrscht, und das andere Element in ihm, das Geistige, oder das Denken (= die Idee). Es ist dieses erste Element im Menschen zu einem fast Unaufhaltbaren, weil unbekannt zu einem unbewusst Herrschenden geworden, da es nicht in Verbindung (in Durchdringung) mit dem anderen Element ist; und das andere Element des Menschen, das Geistige oder die Idee (das Ideal) wird zur Ideologie (zur Unwirklichkeit), weil es kein klares Bewusstsein hat von dem ersten (dem roten) Element, nicht in Verbindung zu ihm, also zum Leben, sondern abseits für sich steht. Während sich das erste Element, für sich allein, als Zerstörung äussert, wird das andere, sich selbst überlassen, zum Tod.

Nur aus der Einheit des Lebens, aus der Bewusstheit, der Kenntnis des Wesens des Menschen kann ein organisches Ganzes, kann Wahrheit und Klarheit erstehen.

Heute gilt es der gewaltigen Gegnerschaft, dem, was uns hindert, der Hindernisse bewusst zu werden, entgegenzutreten. Sie in uns zu erkennen, sie durch Kenntnis zu einer Förderung zu bringen. Wir dürfen diese Gegnerschaft nicht unterschätzen, sie wird sich den besten Kräften in uns würdig zeigen.

Welch ein Sinn liegt dahinter, eine gewaltige Gegnerschaft im Äussern auszufechten, den schönsten Kriegserfolg und Sieg erringen, wenn die innere in uns, die Ursache von ihr, weder berührt noch irgendwie geändert wird?

Wie um Sein oder Nichtsein geht es heute um die grosse Treue dem Wesen des „Menschen" in uns gegenüber. Wenn ein Banner davon ein Abbild ist, und heute uns mehr davon spricht und Hilfe wird (ein bisher so gewohntes, schnell beschautes), so dürfen wir, als eines Wundersamen, es neu erobern zu dürfen, dankbar sein. Die Dankbarkeit wird uns ein Gebot.

Die Wirksamkeiten dieses Banners, als welche, früher unbewusst, viele unvergleichliche Geschehnisse eintrafen, die können heute willentlich ins Bewusstsein gehoben und bewusst genutzt werden. Was für Wirksamkeiten aus dem Wesen dieses Abzeichens ausfliessen, das möge in dem hier anschliessend geschilderten Ereignis und in den nächstfolgenden des Weiteren zum Ausdruck kommen – auf dass seine Sprache uns deutlicher werde!

VII.

Das Sonderbare, welches ich dem **Dritten Ereignis**, hier als Nachwort zufügen werde, soll ja nicht als aus einer Absicht entstanden oder als Hervorstechendes dieses Buches angeschaut werden, sondern als Folge der Ausspruchskraft unseres Zeichens.

Das Wesentliche denn sei die Wirksamkeit dieses Zeichens im Menschenwesen, im Menschentum. Das ist der grosse Vorteil desselben, dass es jeden auf der Freiheit belässt, indem es jedem gerade nur so viel spricht, als seiner Einsicht oder Ausbildung oder seinem Willen gemäss ist.

Rückblick – Drittes Ereignis

**Das Historische des III. Ereignisses
im Wortlaut von Johannes von Müller, Schaffhausen,
aus „Geschichten Schweizerischer Eidgenossenschaft, zweyter Theil", S. 464 u.f.**

Es war das Jahr 1386. Die Eidgenossen, durch den
Stolz und den Geiz, die Habgier und Strenge der Verwal-
ter ihres Landes geplagt, durch Grausamkeiten und un-
gerechte Steuern gepeinigt, „den Gerechten kamen sie
gerne nach", lehnten sich gegen die hohen Lehensherren
in Ungehorsam und Freiheitsgefühl mehr und mehr auf.
„Der Hass nun der Herren gegen diese freien Landsleu-
te und Bürger brach jetzt an so vielen Orten mit vollem
Feuer aus, dass innert weniger Wochen ihrem „trotzigen
Bund" von Herrschern, Grafen, Rittern, Vögten, geist-
lichen und weltlichen Herren insgesamt 167 Fehden
angesagt wurden, und Herzog Leopold III. mit einem
wohlgerüsteten, mächtigen Heer gegen sie zog, bis in die
Gegend der Stadt Sempach."

„Die Eidgenossen sahen den Feind montags, an den
neunten des Neumondes, eine zahlreiche, wohlberitte-
ne, schön gerüstete Reiterei; jede Dienerschaft unter ihren Baron, die Mannschaft jeder Landstadt unter ihren
Schultheiss, und jedes Landes Herrn zu desselben Banner geordnet; ihre Knechte, eigenen Leute und Söldner
in Form eines Fussvolks, keine Feldstücke; nur waren zu
der Belagerung von Sempach grosse Büchsen in schwe-
rem langsamen Anzug.

„Vor allem Volk glänzte aller Orten Herzog Leopold
von Österreich selbst, seines Alters in dem siebenund-
dreissigsten Jahr, männlich schön, hochgemut und voll

Gefühl, voll Heldenfeuer, siegprangend aus manchem wohlvollbrachten Krieg, rachbegierig, durstig zur Schlacht."

Dieser wahrhaft tugendhafte Führer liess die Pferde der wohlgeübten Reiterei zurück und bestimmte den Angriff zum Fussgefecht „nach der Meinung der damaligen Ritter und Edlen, dass, wer in einem Kampf durch ungleiche Waffen oder schnelle List überwinde, den Preis der höchsten Tapferkeit unentschieden lasse; „sie hielten dieses für unehrlich. – Der Herzog befahl hierauf, dass der Adel eng zusammentrete; diesem starken Kriegshaufen gab er durch die Reiterspiesse, welche bis vom vierten Glied hervorragen mochten, eine undurchdringliche mörderische Front".

In diesem starken Ritterheer wollte der Herzog selbst kämpfen. Gegen die gutbegründeten Einwendungen sprach er „anfangs lächelnd, aber endlich ungeduldig: Soll denn Leopold von Weitem zuschauen, wie seine Ritter für ihn sterben? Hier in meinem Land, für mein Volk, mit euch will ich siegen oder umkommen".

„Er fiel im Kampf, mit und inmitten seiner Edlen. Im Gedränge der Scharen kam er zur Erde, ringend und voller Schlachtwut. Einem auf ihn eindringenden, unansehnlichen Mann aus dem Lande Schwyz (‚ein gemeiner kropfiger Kerl') rief er hilflos zu: ‚Ich bin der Fürst von Österreich.' Dieses hörte jener nicht, oder glaubte es nicht, oder es dünkte ihm, die Schlacht hebe alle Würde auf. Als der Herzog durch die Natur der Wunde den Geist bald aufgegeben, erblickte ihn von ungefähr Martin Malterer (Walter von Freyberg), der das Banner der Stadt Freyburg im Breisgau trug; versteinert stand er, das Banner fiel ihm aus der Hand; plötzlich warf er sich über Leopolds Leichnam hin, damit er nicht von Feinden und Freunden befleckt und gequetscht werde; er erwartete und fand hier seinen eigenen Tod."

Aus dem Verlauf der Schlacht auf eidgenössischer Seite:

Die Eidgenossen besassen entgegen den stark bewaffneten und schwer beharnischten Österreichern nur kurze Waffen; „statt Schilde hatten einige ein schmales Brett um den linken Arm gebunden". Aufs Äusserste bedrängt, erlitten sie anfangs viele Verluste, bevor auf der gegnerischen Seite ein einziger Mann fiel, indem sie „empfangen wurden von Schilden als von einer Mauer und von den hervorragenden Spiessen wie von einem Wald eiserner Stacheln". Diese langen Spiesse wurden, nachdem sie vorn zerschmettert waren, von hinten gleich wieder ersetzt.

Den Augenblick höchster Not und „banger Unschlüssigkeit entschied ein Mann vom Lande Unterwalden, Arnold Strutthan von Winkelried Ritter; er sprach zu seinen Kriegsgesellen: „Ich will euch eine Gasse machen", sprang plötzlich aus den Reihen, rief mit lauter Stimme: „Sorget für mein Weib und meine Kinder, liebe treue Eidgenossen, gedenket meines Geschlechts", war an den Feind, umschlug mit seinen Armen einige Spiesse, begrub dieselben in seiner Brust, und wie er denn ein sehr grosser und starker Mann war, drückte er im Fallen sie mit sich auf den Boden. Plötzlich seine Kriegsgesellen über seinem Leichnam hin; da drangen alle Harste der Eidgenossen Mannschaft mit äusserster Gewalt festgeschlossen hintereinander an," indem sie seitlich in die gepressten Reihen des „erstaunten Feindes" nun eine

Angriffsfläche hatten, eindringen konnten, um schliesslich den Sieg zu erringen.

In der Schlacht bei Sempach hat mit dem Tod der Ritterschaft geistesgeschichtlich der Untergang des Rittertums seinen Anfang genommen, wobei Kräfte des Rittertums als Fähigkeiten in den „einzelnen auf sich selbst gestellten Menschen als der, der er ist" sich hineinversetzten (aus dem umfangreichen Werk von C. Englert-Faye). Was dort auf der Walstatt des Weiteren sich begab und wie folgt beschrieben ist in „Vom Mythus zur Idee der Schweiz" könnte mit gleichem Fug auf Winkelried angezeigt sein:

„An dem ort, da sin fürstlich gnad erschlagen und sin lib erfunden worden ..., ist desselben jars ain grosser schener plümi uf derselben walstatt gefunden worden ... Und ist der vermelt (erwähnte) plum voller kleiner plümi mit rotten plettlein uswendig, und das inwendig pilzlin wiss geferbt gsin...". Dies „wunderzeichen und angezeig" beurkundet aufgrund der Aussagen von „kilchgenossen" Ludwig Zukäss, Pfarrer zu Sempach, der diese Blume noch 1515 in der Gedenkkapelle „uss dem herten ertrich gewachsen erfunden".

„Den hellsichtigen Blick der (damaligen) Zeitgenossen zeigte sich in diesem Bilde der blutroten Blume mit dem weissen Innengefässe der geistige Sinn der weltgeschichtlichen Begebenheit: Aus dem blutigen Untergang des Rittertums und seiner ganzen Welt stieg leuchtend auf die Freiheitskraft des zu sich selbst gekommenen, auf sich selbst gestellten Menschen: das Weisse Kreuz im roten Grund."

Nachwort zu dem Dritten Ereignis

Die Tendenz, dieses Ereignis zu verschweigen oder darüber weitläufig zu philosophieren, liegt nahe, handelt es sich doch um etwas, das man lieber ins Reich der Sagen beheimatet wissen möchte. Denn es, von dessen Grösse man früher nur im Flüsterton oder mit angehaltenem Atem sprechen konnte, ist uns unbequem, weil ihm unvermeidlich moralische Forderungen anhaften, wogegen unsere Freiheit sich stemmt, und die darum auf Ablehnung stossen. Bachofen schrieb in „Mutterrecht": „Grössere Schicksale sind über das Menschengeschlecht dahingegangen, als unsere Einbildungskraft zu ersinnen vermag – vergessen wir es nie."

Wenn man aber bei diesem Geschehnis statt auf die Person des Handelnden auf das schaut, was sich denn abgespielt hat, so wird die Sache anders.

Was hat sich denn ereignet?!

Auf der einen Seite stand ein Ritterheer (Ritter aus Geburt, Blut, Vorrechten) mit einem Führer, Machthaber, „voll Gefühl", leidenschaftlich, „rachbegierig, durstig zur Schlacht", auf der anderen Seite standen vorwiegend Landleute, die die Freiheit als Grunderfordernis der Menschenrechte vertraten.

Also auf der einen Seite die Gewalt und Kraft, der Wille zur Macht, der mit dem roten Banner deutlich ausgesprochen ist; auf der andern Seite der auf sich gestellte Mensch, tragend, ertragend und emporgerichtet (auf sich gestellt, nicht auf Vorrechte, Erbanlagen, Blut und Tradition), was durch das Weisse Kreuz sich bildlich ausdrückt. In jenes Rot hat sich dieses andere Element hineingesetzt. In die „waffenstarrende Front" der einen Seite wurde eine Lücke gebildet, durch welche die andere Seite über diese Front den Sieg errang.

Also, wir schauen nicht nur, wie ein Mensch sich verwendet hat, aus welchen Ansprüchen, aus welchen Tiefen heraus, sondern was denn geschehen ist. Es ist das geschehen: In der waffenstarrenden Front ist eine Lücke entstanden.

In den Zwang der Unfreiheit, der Tradition, der zivilisatorischen Errungenschaft von Waffenübung des Rittertums oder in die Gegebenheit, die von selbst sich einstellte kraft der Geburt mit der Lust nach Besitz, nach Recht haben wollen, nach Macht, was ja zum Krieg fast automatisch sich auswirkte, also in dieses, was man eindeutig klar als das rote Element bezeichnen kann, in dieses hat sich das Bedürfnis nach Freiheit – der dem Menschen einzig würdigen Zustand zur Auswirkung seines Denkens und Rechtes also dasjenige, was wir in der ganzen Charakteristik als das Weisse Kreuz ansprechen dürfen – hineingesetzt.

Also: In das rote Feld hat sich das Weisse Kreuz hineingesetzt.

Was sich im Äusseren auf dem Kampffeld vollzog, das geschieht ja teils immer im Innern des Menschen. Die Eigenschaften, die Leidenschaften, die wir mit der Farbe Rot charakterisieren, sind in jedem Menschen vorhanden; doch auch die Möglichkeiten, die Kräfte des ausgleichenden, tragenden, emporgerichteten Elements darin zu bilden. Diese sind nicht aus der Natur von selber da, wie die anderen Kräfte, werden aber irgendwie immer sieghaft sein, wenn sie aufgerufen werden.

Heute sind im Äusseren die elementaren, ungebundenen Naturkräfte, der Trieb zur Macht, zum Egoismus, zum Wohlsein – durch die uns faszinierende Technik gefördert – auf der ganzen Welt mächtiger, ganz allgemein verbreitet und im Grossen herrschender als je. Man wird von der Technik mitgerissen und glaubt, sich ihr nicht entwinden zu können. Damit ist aber auch die waffenstarrende Front auf der ganzen Welt gleichzeitig und beispiellos grösser geworden.

Wäre früher das Geschehnis, das wir bildlich als Tat des Weissen Kreuzes im roten Kriegsfeld schilderten, in jener Schlacht nicht gewesen und nicht in anderen entsprechenden Ereignissen, – aber am deutlichsten zeigt es sich realsymbolisch in jenem Krieg, – dann wäre das Land, das, als Banner dieses Zeichen führt, nicht existent geblieben.

Heute, wo das Leben einer Nation nicht einfach so für sich bestehen kann, wo es in Abhängigkeit zu dem Leben der Menschheit steht, wo alles anders ist und ähnliche oder gegenüber früher verbesserte Systeme von Schutz und Wehr uns nicht mehr zum Nutzen, sondern zur Katastrophe gereichen werden, wo es sich um Sein oder Nichtsein des Menschen handelt, heute ist selbstverständlich, dass Folgendes sich ausspricht:

Wenn heute in der waffenstarrenden Front der Welt aller Länder eine Lücke gebildet wird, an einer Stelle der Welt, in der Art „Ein Land ohne Waffen", und zwar ohne Spekulation und Berechnung, was dann werde und bei allen Risiken, einfach der Richtigkeit des Menschentums entsprechend, so ist das den zu vergleichen, was unter diesem Dritten Ereignis geschildert ist.

Es ist dann der Ausdruck dessen, was eben dieses, unser Zeichen ausspricht. Wie könnte man es anders sagen? Vielleicht so: Es geschieht damit das, was diesem Banner in Wahrheit gemäss ist.

Ich hatte letzthin folgenden Traum:

Ein Kind war im Wasser verschwunden. Man suchte, und fand ein leeres Gewand. In der Annahme, dass das Kind in der Nähe sein müsse, suchte man weiter. Man fand es leblos. Nach sofort eingeleiteten Wiederbelebungsversuchen aller Art konnte man es ins Leben zurückgewinnen.

Und so dachte ich dann: In dem richtigen Moment noch war die Handlung der Hilfe, im schicksalsmässig bestimmten letzten gewahrten Moment. Ist dieser letzte, richtige Moment verpasst, dann ist (oder hat man) das Schicksal verpasst.

Was verhindert, dass eine Lücke geschaffen werden kann in die waffenstarrenden Fronten, in die Macht und List und Gewalt, in die Natur und Tradition des militärischen Denkens, kurz, in das, was als das rote Element der Länder beschrieben ist? Ist es nicht das rote Element selbst, das Denken, das von selbst sich einstellt, das Denken in der Ära des Wohlseins, der Bequemlichkeit, der Gewohnheit, wo die Weltsituation eine neue, eine ungewohnte ist? Ist es nicht das Verharren in dem rohen Element der Macht, das aus der Zivilisation der Technik und der heutigen Verstandeswissenschaft begünstigt ist, und das schwer hält, in dem Element von Zorn oder Wut, von Vertrauens- und Glaubensmangel, in den feuerflammenden roten Hass- und Kraftelement einem ausgleichenden, tragenden Bewusstseinselement Einlass zu gewähren?

Was heute menschheitlich zu geschehen hat, zu dem kann nicht der im Rationalen sich bewegende starke

Verstand, sondern letztlich das Weisse Kreuz im roten Grund die am schnellsten zu verwirklichenden Direktiven geben.

Es sind in diesem Land einmal drei Männer zusammengestanden, um die sich ein Grüpplein scharte, als Vorstufe, dass das Weisse Kreuz im roten Feld in Freiheit erhalten blieb bis zum heutigen Tag, an dem seine eigentliche höchste Mission lebendig werden kann.

Finden sich heute abermals so ein paar Menschen zusammen?

Meine Sorge ist die, ob man mit Einsicht und Unternehmungen nicht schon zu spät ist, und meine Hoffnung die, dass es doch heissen möge:

Den Augenblick höchster Not und banger Unschlüssigkeit entschied ein Land in den Bergen und mit jenen Quellen, die in Kreuzesform in die vier Himmelsrichtungen fliessen zu den es umgebenden Ländern, nach Nord, West, Süd und Ost.

VIII.

Ich bin wieder einmal vollgeladen mit solchen Gedanken, die man hat bei der Verantwortung, wenn sich einem die Inhalte unseres Zeichens auftun, so man dessen Sprache in der heutigen Zeit für wichtig erachtet und sich nicht den 127 Ablenkungen, die in einer Stunde möglich sind, gefangen gibt. Wo soll ich einsetzen? Einfach nüchtern mit den gar nicht nüchternen **Ereignissen** fortfahren, während mich inzwischen das Schicksal interessanterweise und gleichzeitig zu verschiedenen grossen Geistern in verschiedenen Buchstellen führte, die schicksalsmässig gerade hier zu unterdrücken fahrlässig schiene. Heinrich Leuthold, in seiner Ode „Die Bestimmung der Schweiz" spricht in mächtigen Worten prophetisch den Sinn schweizerischer Existenz aus:

„*Was vermöchte wider Erobererwillkür*
Heut die Schweiz noch? Kleinere Staaten schützt ja
… die Zwietracht
Mächtiger Nachbarn.
…
Euer Kleinstaat rage hervor durch Grosssinn;
Zeigt der Freiheit Segen Europas Völkern,
Und durch Weisheit eurer Gesetze werdet
Ihnen ein Vorbild!"

Dann, der so patriotische und so weitblickende, über die Grenzen hinaus bekannte andere Schweizer, Dichter, Gottfried Keller:

„Wir greifen todeskühn zu Schild und Degen,
Wenn unserm Wappen deutsche Knechtschaft droht:
Wie gerne woll'n wir auf den Altar legen
Der einen Freiheit unser Weiss und Rot!"

Wo könnte man diesen Ausspruch als Motto besser hinsetzen als hier, hier und doch überall? Er heisst doch nichts anderes als: Unsere jetzt antiquierte Tradition opfern im Sinne unseres Zeichens zugunsten der einen Freiheit, und welche Freiheit kann heute wichtiger sein als die vor dem Zwang der Atombombe. Und wird man denn da noch fragen wozu? Eben, damit ein Beethoven der Welt erhalten bleibt, eine 8. Sinfonie, ein Chopin, ein Bach; damit die „Söhne Haruns" (v. C.F. Meyer) noch gelesen werden können. Damit erhalten bleibt ein Michelangelo, eine St. Anna v. Leonardo, ein Verocchio, ein Van der Goes; 100 andere, die uns seit je bis gegen das Firmament über die mehr und mehr scheussliche Banalität des Lebens hinaus erheben. Damit wir die Natur weiter bewundern können, das Meer, die Städte daran, das Firnelicht der Berge: damit wir das Höchste, den mit wahren sozialen Gedanken sich bildenden Menschen bewundern können, auf dass doch der Mensch, die Menschheit Gelegenheit habe, Menschheit zu werden in dem Sinne, wozu sie bestimmt ist.

Ferner fand ich in meinem Kalender eine Notiz: Jeder Schweizer trägt die Verantwortung fürs Weltganze, indem er sich bejahend zu der im VII. Kapitel besprochenen Lückenbildung verhalte und zwar dadurch, dass er innerlicher Bejaher und Verwirklicher seines hohen Abzeichens sei. Er braucht nicht einmal Leib und Gut dafür zu wagen; er muss nur wagen, Leib und Gut mit diesem Wagnis zu retten. Ohne Wagnis geschieht rein nichts. Und wir haben die Pflicht zum Mut und zur Aufraffung, uns im neuen Atomzeitalter zu neuem Denken zu entfesseln, damit nicht das Schicksal unerbittlich das Menschentum auslacht: Du warst nicht willig, so brauch ich Gewalt.

Welch neues Denken? Statt über Erwachsenen-Raketenspielzeug über das Wesen des Menschen, in welchem ja selbst dieses Unfreie, das Denken Hindernde, rote Trieb- und Bequemheitselement mit Bewusstseinslicht zu durchsetzen ist.

Viertes Ereignis

Von den zwei nun folgenden Vorkommnissen, die sich zu verschiedenen Zeiten in der Stadt Solothurn ereigneten, ist das erste so beschrieben, von Johann von Müller in „Geschichten der schweizerischen Eidgenossenschaft, zweiter Teil, S. 117:

„Von mehreren Bürgerschaften weiss man, sie haben begierig nach der Freiheit getrachtet, oder tapfer sie verfochten; eine „seltenere" Tugend übten die Solothurner, in einem Zeitalter, welches wider die Feinde alles erlaubte. Im Jahre 1317 wurde die Stadt Solothurn an der Aare von Herzog Leopold (1.) von Österreich mit einem grossen Heer beidseitig des Aareflusses belagert; (weil diese Stadt nicht zu ihm, sondern in der zweispaltigen Königswahl, wie die Waldstette, zu der Bayrischen Partei hielt). In denselben Tagen ergossen sich grosse Schlagregen und schwoll der Strom der Aare so furchtbar an, dass die Brücke, durch die das Lager zusammenhing, in äusserste Gefahr kam. In dieser Not, nachdem letztere mit Steinen schwer belastet worden, gebot Herzog Leopold seinem Kriegsvolk darauf oder hinüber zu ziehen. Bald, da ein plötzliches Waldwasser irgendwo hereinstürzte, schlug mit schrecklichem Gebrause solcher Schwall des Wassers auf einmal an die Brücke, dass alles brach. In diesem Augenblick vergassen die Solothurner alles für das Gefühl angeborener Bruderschaft aller Nationen, und eilten in eigener Gefahr mit ihren Schiffen zur Rettung der Feinde. Die allermeisten erwärmten sie und speisten sie in ihrer Stadt; hierauf sandten sie dieselben in ihr Lager zurück.

Da machte der Herzog sich auf, nahm dreissig vornehme Ritter zu sich, und begehrte, in die Stadt gelassen zu werden."

Mit solchen Feinden wollte er nicht weiter Krieg führen.

„Er gab den Bürgern der Stadt ein Banner, weil ihre edle Gesinnung seine Feindschaft überwand. Besser schloss er selbst keinen Krieg."

Jetzt die Frage: Schlossen die Solothurner, oder andere Bürgerschaften je einmal besser einen Krieg?

Die Solothurner erfüllten das, was (nennen wir es) der Zufall der Situation ihnen brachte; sie erfüllten diese ganz unabhängig vom Krieg selbst, ohne Spekulation auf diesen, als eine Angelegenheit für sich; und das ist das Auffallende daran. Dass sie die Menschen erretteten, das ist, so gross es als Tat dasteht, als Verdienst des eingetroffenen Umstandes mit dem äusseren, einmaligen Geschehen abgeschlossen. Dass sie aber eine Situation im Sinn der Wahrheit und menschlichen Richtigkeit erfüllten, ohne Spekulation und Errechnung mit dem, was kommt nachher, das ist mit dem einmaligen Geschehen nicht abgeschlossen, das ist etwas, was heute immer möglich ist, was im Alltäglichen an jedem Punkt, an dem man steht, bei irgendwelcher Situation und wie sie auch sei, getan werden kann. In den Wie (nicht in dem Was und der Art) dieser Handlung ist eine menschliche Haltung als eine menschliche Tat zu Reinheit und Reife kristallisiert, so wie in einem grauen, splittrigen Gestein plötzlich, unerwartet und überraschend ein leuchtender Kristall sich bildet, als Tat mineralischer Welt- und Licht-Mächte. Je nach der gegebenen Stunde und Gelegenheit kann aus einer solchen Haltung ein Unerhörtes entstehen, das im Kleinen wie im Grossen ein Grosses ist, ein Leuchtendes, wie das, was in obigem Vergleich aufgezeigt wurde.

Kämen wir mit unserem bisherigen gewohnten Denken in eine Situation entsprechend der, wie die Solothurner plötzlich dem Feind gegenüber gerieten, wir wären in der grössten Verlegenheit. Innere Bereitschaft wäre, als wirkende Kraft wenig mehr nur als theoretisches Wunschideal vorhanden. Wir müssten erst ausrechnen, wie es denn mit dem Krieg verlaufen könnte, wenn wir den Feind erretteten. Wir würden nach diesbezüglichen Gesetzesbestimmungen suchen, um uns daran zu halten, oder nicht zu halten. Eine Konferenz könnte man ja nicht so schnell einberufen. Man käme in Konflikt, inwiefern man als Bürger sich in eine militärische Angelegenheit einmischen dürfe oder nicht – wenn nicht durch nationale Propaganda so viel Hass geschürt würde, dass diese Frage von vornherein ausgeschlossen wäre.

Einfach für den Moment der Wahrheit entsprechen, komme was wolle, das braucht eine geistige Zielrichtung und moralische Grundlagen. Was früher unterbewusst Gefühl und Intuition war, was aus einer Tradition und lange dauernden Führung durch eine Religion zu einer Gewohnheit und unbewussten Menschenkraft wurde, das kann heute auf gleiche Weise (durch Tradition und Religion) nicht mehr als Führung stark werden. Heute können menschliche Kräfte nur zu Selbstverständlichkeit und Gewohnheit werden, durch die Gewohnheit zu leben mit wahren Gedanken; durch die Schulung der Wahrheitsgefühle, durch Bewusstmachung derselben, durch Pflege derselben im Alltag, das heisst durch Kult, durch Kultur derselben.

Man sei nicht versucht zu glauben, ein solches Beispiel oder Ereignis sei angeführt als eine moralische Forderung. Wenn es nicht von vornherein abgelehnt würde, so erzeugte es als Moralin nur ein seelisches Mitschwingen und erhebendes seelisches Gruseln. Moralin aber kann anregen oder abstossen wie ein anderes Gift auch; im Moment, wo es darauf ankommt, würde man mit ihm nicht in Sicherheit handeln. Aber darauf kommt es heute an; durch Bewusstseinsübungen menschliche Fähigkeiten zu erhalten, auf dass man einer jeglichen unerwarteten Lage gegenüber menschliche Kräfte einzusetzen fähig werde, wie man in diesem Solothurner Beispiel mehr aus Intuition war.

Ich sprach von Schulung der Wahrheitsgefühle. Besser ist Schulung in den Wahrheitsgesetzen.

Was ist dort in diesem Ereignis geschehen? Wer etwas gehört hat von dem geistigen Gesetz der „Dreigliederung des sozialen Organismus", dass 1. das politische oder Rechtsleben, 2. das Geistige oder moralisch-religiöse Leben, und 3. das Wirtschaftsleben, dass jedes Gebiet seine freien, eigenen Gesetzlichkeiten hat, der sieht, dass sich dort das vollzog, dass das Geistesleben – das Gefühl angeborener Brüderschaft aller Nationen – frei und unabhängig vom politisch-militärischen Leben handelte und die Bürgerschaften, respektive die militärischen Mächte damit einen Krieg schlossen, wie er ja nicht besser geschlossen werden kann. Oder dass das Wirtschaftsleben: Sie erwärmten und speisten sie – frei und unabhängig vom politischen-militärischen Leben sich einsetzte, unter dem „Gefühl angeborener Brüderschaft aller Nationen" und damit einen Krieg beendeten, wie er besser nicht beendet werden konnte.

Also, es hat sich unerkannt das Gesetz der Dreigliederung betätigt, womit etwas eintraf, wie es mit keiner Gewalt und Routine je glücklicher hätte eintreffen können.

Wer etwas weiss von den Eigenschaften der Zahlenrhythmen, beispielsweise 3, 7, 11, besonders von der Zahl 7, der staunt, wenn er hier bemerkt, dass hier unbewusst geschehen ist, was an der Schwelle des 7. Jahrhunderts später ins Bewusstsein gehoben wurde, indem auf das Jahr genau, im Jahr 1917, Rudolf Steiner die ersten Vorträge gehalten hat über die „Dreigliederung des sozialen Organismus". Er erkannte, dass unter dieser Gesetzmässigkeit Kriege verhindert und das soziale Leben geordnet werden kann und ging mit einem Aufruf im Jahr 1919 zu vielen massgebenden Regierungen und Fürstenhäusern Europas und – hatte keinen Erfolg. Noch war die Welt unter dem Vorrecht des Hasses, unter der Tradition des roten Kriegselements, in welches ein tragendes, aufrichtendes Bewusstseinselement keinen Einlass fand.

Dass dies aber geschehe, das soll mehr und mehr klar sich herausschälen, bis auch jenes als Gesetz so selbstverständlich uns wirksam wird, wie es damals noch unbewusst wirksam war.

Das, was in diesem 4. Ereignis geschildert ist, dürfen wir feierlich als die „Geburt der Dreigliederung des sozialen Organismus" betrachten.

Das **Fünfte Ereignis**, welches seinerzeit in der gleichen Stadt zutraf und was ich hier anschliessend beschreiben werde, das dürfte wohl das jetzt Geschilderte noch verdeutlichen.

Da die Idee der Dreigliederung des sozialen Organismus das Naheliegendste ist, was in die Zukunft umgestaltend eingreifen könnte und da mir die Gedanken als Beitrag zur derselben durch langes treues Warten geschenkt worden sind, so glimmt in mir die Ahnung auf, dass jetzt der richtige Moment zu ihrer Verbreitung gekommen ist.

IX.

Der langsame Fortschritt dieser Schrift rechtfertigt sich dadurch, dass mir daran liegt, phänomenologisch vorzugehen, indem ich glaube, dass gewisse seelische Zustände oder Fähigkeiten im Menschen vorerst besser zu beobachten sind im Allgemeinen, in einem Volksganzen, in der Geschichte oder dem gegenwärtigen Zeitcharakter, um dann nachher diese gleichen Symptome im Einzelnen, im eigenen Ich verständlich werden zu lassen oder dort entdecken zu können. Wenn ich somit erst später Beispiele von Menschen heutiger Zeit anführe, die uns persönlich direkt ansprechen dürften, so bitte ich diese mir nötig scheinende Darstellungsart geduldig hinzunehmen.

Geschehnisse des Lebens sind nicht leicht verstehbar, wenn sie aber unter auffallenden Lebensgesetzen betrachtet werden, dann können sich einem Tore öffnen, die sonst verschlossen bleiben.

Wie ich anfangs des Buches Farberscheinungen (Farbphänomene) dem empfindenden Verstand näher bringen wollte, indem ich Urphänomene aufzeigte, so möchte ich nun auch hier sozial-politischen Geschehnissen näher zu kommen versuchen durch Aufdeckung der in ihnen verborgenen sozialen Prinzipien oder Gesetzlichkeiten.

Die Farbe Blau als Erscheinung erklärte sich uns dadurch, dass Licht in ein durchsichtiges Medium hinein strahlt vor einem dunklen Hintergrund, (Blau des Himmels oder der Gletscherspalten), und die Farbe Rot, wenn ein durchsichtiges Medium vor dem Licht steht und dieses aufhält oder abdämpft (Rauch oder tiefe

Luftschicht vor der Sonne). So sind in verschiedensten national-politischen Ländern der Erde die Schwierigkeiten erst erkennbar oder lösbar, wenn soziale Prinzipien – Urphänomene des sozialen Lebens – erkannt oder die Hindernisse zu diesem Erkennen bekannt werden.

Fünftes Ereignis

Das zweite so auffallende Solothurner Geschehnis ereignete sich im Jahr 1533, zur Zeit der blutigen Religionskriege.

«Die Reformation ging nicht von den speziell religiösen oder kirchlichen,
sondern von den sittlichen Mängeln des Zeitalters aus,
welche die Lebenskraft des Staates angreifen,
der ohne sittliche Grundlagen
nicht lange bestehen kann.»
(Hilty)

In Abwandlung dieses Gedankens dürfte man hier einfügen: Ein Krieg geht nicht von den speziell politischen sondern von den moralisch-geistigen Mängeln oder Schwächen des Zeitalters aus.

Es standen sich damals zu Solothurn zwei feindliche Parteien gegenüber. Die Neugläubigen fühlten sich seit der Kappeler Niederlage (1531, in der der Reformator Zwingli selbst fiel), in ihrer Kultus- und Gewissensfreiheit bedroht. Sie setzten sich in den Besitz der Waffen und Geschützdepots (Zeughaus) sowie der Tore. Schon war das Geschütz dieser Partei in Position gegen die Gegner zum Schuss gerichtet, als sich der Schultheiss (der Bürgermeister) Wengi vor die Mündung der unmittelbar abfeuerbereiten Kanone stellte mit dem Ruf: „Wenn Bürgerblut vergossen werden soll, so fliesse das meine zuerst."

Mit dieser Tat brachte er die Kriegführenden zur Besinnung. Der Bürgerkrieg unterblieb.

Dieses Ereignis war zu meiner Schulzeit in den Lehrbüchern dieser Stadt abgebildet und beschrieben. Die Unvorstellbarkeit einer solchen Tat beschäftigte mich damals stets, sie liess mich nicht los, ja verfolgte mich, bis ich dann schliesslich (keinen Vorteil davon habend) fast 30 Jahre lang auch ohne Rückerinnerung dieses Geschehens weiter leben konnte, in dem normalen mehr oder weniger bewusstlosen Trott eines Europabürgers.

Aber: Die Tat des Bürgermeisters Wengi zu Solothurn zeigt uns als ein klares Beispiel, was entstehen kann, wenn man sich der reinen Wahrheit einfach zur Verfügung stellt; einer Wahrheit in Bezug auf den Menschen, nicht nur einer Idee oder Angelegenheit. Wengi liess sich von der Situation aus sagen, was zu tun sei. Nicht von seinem Fühlen liess er sich bestimmen, nicht von seiner Person aus; diese liess er aus der Sache. Er trug nicht seine Wünsche in die Lage hinein, obwohl er ja bestimmt die eine Parteieinstellung für richtiger hielt als die andere. Er liess sein Bewusstsein nicht trüben durch die Vorliebe zu einer Partei respektive Empörung über die andere Glaubensrichtung. Er sah, dass etwas anderes noch wichtiger ist als der Hader. Das ist der Mensch. Die menschliche Unfähigkeit siegen oder wirken lassen – also den Hader auszufechten, das hiesse ja, gerade das, wofür die Uneinigkeit da ist, zu bekämpfen. Denn sie ist ja schliesslich da, um menschliche Fähigkeiten zu erzeugen, Bewusstsein zu bilden. Den Hader auszufechten, das hiesse, die Bildung menschlicher Fähigkeiten zu bekämpfen.

Was kann einem Menschen Schöneres begegnen im Leben als die Gelegenheit, einer Wahrheit – im Gegensatz zu einer subjektiven, vermeintlichen Wahrheitsempfindung – mit dem Einsatz seiner ganzen Person zur Verwirklichung zu helfen, auch wenn dadurch das eigene Leben auf dem Spiel steht?

Nur wenn man eine solche Tat von fern und oberflächlich betrachtet, kann man sie als Opfer bezeichnen.

Wenn man die Gegebenheit der „Dreigliederung des sozialen Organismus" kennt, braucht es nicht so langer Begründungen wie hier in diesem 5. Ereignis. Denn gerade hier haben sich die Bestimmungen der Dreigliederung des sozialen Organismus klar gezeigt. Die Verhältnisse waren besonders glückliche. Das Geistesleben oder Erkenntnisleben durfte sich einmengen in das politisch-militärische Leben. Dort, wo das Geistesleben in freier Wirksamkeit sein kann im politischen Leben, dort schweigen die Kanonen.

Dort schweigen die Kanonen, und dort werden auch keine mehr gegossen.

Wenn man in dem Buch blättert „In Ausführung der Dreigliederung des Sozialen Organismus" von Dr. Rudolf Steiner und darin die so überaus klaren, beweiskräftigen Begründungen der Notwendigkeit dieser Dreigliederung zum „Wendepunkt der Menschheitsentwicklung" erkennt, dann wird es einem richtig elend oder schwindelig, wenn man bedenkt, wie wenig oder nichts sich davon verwirklicht hat.

Auf Seite 84 (Ausgabe 1920) heisst es: „Aber kommt es denn im Leben *nur* darauf an, dass man in irgend einer Lage etwas Richtiges sagt? Hängt nicht vielmehr alles davon ab, dass man die Gedanken findet, die Tatbestände in Bewegung bringen können?"

Warum kommen die Tatbestände solcher Art nicht in Bewegung? Aus der uns eingeborenen, besonders behüteten und gehegten Trägheit, aus der uns zufriedenstellenden Eigenliebe und dem Mangel an Verantwortungswillen dem Menschentum gegenüber.

Hält man sich das Zeichen, um welches es sich hier handelt, vor Augen, in welchem das Rot uns sprechen kann von dem Blutmässigen, dem Tiersinn, dem vielen, das schon angedeutet wurde, das von selbst geht bei der Lust an äusserer Bewegung und sensationellen Trieben – in dem das aufgerichtete, nach allen Seiten sich erstreckende Bewusstseinslicht uns in Selbsterkenntnis glücklich empor rappeln lässt, dann können wir uns aufraffen, beispielsweise das oben erwähnte Buch durchzuschaffen. Wenn Politiker, Wirtschaftsleiter wirklich ganz privat als Hobby dies tun würden (das Zeichen sich vor Augen haltend), ebenso jeder, der das Gefühl hat, es kann so nicht weitergehen, dann würde etwas von der Idee der Dreigliederung haften bleiben und ins Leben hinein wirken.

Es braucht schon ein besonderes Schicksal, sich nicht abhalten zu lassen, auszusprechen, was man während 29 Jahren auszusprechen als notwendig empfunden hat in Anbetracht dessen, dass selbst geistig Tätige, die aus den vielseitigen Quellen des Schöpfers des Dreigliederungsgedankens sich vielseitig bereichern können, dass selbst diese Last alle sich scheuen, im Sinne der Dreigliederung sei es ins Rechts- oder politische Leben, sei es ins Wirtschaftsleben sich tätig zu stellen. Sie bleiben auf ihrer hohen Insel und schaffen im Geistesleben selbst, zu eigener Erhöhung, und in der Pädagogik, was zwar sehr viel ist bei dem Vertrauen, dass dann die neuen

Generationen anders ins Leben hinein wachsen werden. Aber dürfen wir nur auf die neue Generation warten?

Entsprechend meiner eingangs erwähnten Vermutung könnte es zutreffen, dass ich jetzt vielleicht weit über die momentanen Interessen oder Erwartungen des Lesers hinaus stosse. Es ergibt sich mir heute so, dass ich in dem etwas sehr abwegig scheinenden Gebiet abseits aushole. Der Leser wird aber sehr bald auf richtiger Wegspur wieder hinein finden.

Es ergab sich, dass bei Anlass des 100. Geburtstages des Schöpfers vom Dreigliederungs-Gedanken in vielen hunderten von Zirkeln in der ganzen Welt sehr festlich gedacht wurde. Auf dass eher „die Tatbestände in Bewegung" gebracht sein könnten, möchte ich selbst noch einer anderen Tatsache dankbar gedenken. Dieser gleiche Schöpfer, der vom Studium der Mathematik, Naturwissenschaft, Chemie usw. ausging, wurde seinerzeit vom Goethe-Archiv in Weimar beauftragt, im Rahnen der Deutschen Nationalliteratur die Naturwissenschaftlichen Schriften Goethes neu herauszugeben. Sieben Jahre hat sich Rudolf Steiner dieser Aufgabe dort selbst gewidmet, mit der Folge, dass die Methodik Goetheschen wissenschaftlichen Denkens dabei gründlich erforscht und unter anderem die Goethesche Farbenlehre mit dem Kapitel „Die sinnlich-sittliche Wirkung der Farben" neu bekannt wurde. Das waren zwei gewaltige Impulse, aus denen auf weiten Hinwegen die Idee des Zeichens vom roten Feld mit dem Weissen Kreuz in meine Feder und meine ganze Seele geflossen ist.

Und das „Leben mit diesem Zeichen" wird selbst helfen, dass Rudolf Steiners Erforschungen wirksamer das Einzel-Menschliche durchdringen und somit leichter in das Gesamt-Menschheitliche einfliessen können werden. Und so wird sich uns noch deutlicher oder eher die Möglichkeit ergeben, dass dieses Zeichen mit seiner Bildekraft – Bild von menschlicher Triebkraft und von Menschenkraft – mehr und mehr das Zeichen der Menschheit, das Zeichen oder Banner des Menschen werde.

X.

Es gibt ein herrliches Gedicht von Konrad Ferdinand Meyer, in welchem beschrieben ist, wie in den Bergen bei untergehender Sonne die Schatten allmählich höher steigen und ein Knabe aus dem Schatten immer höher der Sonne nach in das Licht hinauf springt:

> „und noch einmal, und noch einmal,
> bis ihn verlässt der letzte Sonnenstrahl".

Ich erinnere mich dieses Gedichtes, weil ich anhand eines wunderbaren Beispiels aus der Schweizer Geschichte jetzt nochmals bei dem angeschlagenen Thema verweilen will und mir dadurch vorkomme, fast diesem Knaben gleich zu sein:

> „und noch einmal, und noch einmal,
> bis mich verlässt der letzte Lebensstrahl".

Sechstes Ereignis

Als vorletzte der in diesem Zusammenhang nötigen sieben Schilderungen möge von einem historischen Ereignis des merkwürdigen kleinen Landes, der Schweiz, die Rede sein, von welchem Ereignis gerade heute oft gesprochen wird, da dessen kulturelle Bedeutung für die heutige Zeit ahnungsweise in der Luft liegt. Es war von jeher so: Wenn die Zeit reif wird, bestimmten Geschehnissen Einlass zu gewähren, so bilden sich zu gleicher Zeit in verschiedenen Orten und Menschen – völlig voneinander unabhängig – ähnliche Bestrebungen. Das soll nicht heissen, dass die Resultate dieser Bestrebungen ähnlich oder richtig seien. Weil der Mensch nicht seinetwegen da ist, sondern der Absichten der Welten wegen, so ist er nur richtig frei, wenn er in treuer Erkenntnis und Befolgung von Weltgesetzmässigkeiten sozusagen als Diener auftritt. Was er unternimmt, wird in dem Mass richtig oder unrichtig, positiv oder negativ wirkend oder unwirksam sein, je nachdem er den von dem Weltgeschehen (und nicht von ihm aus) zur Geburt drängenden Geschehnissen seinen subjektiven Willen aufdrängt, oder diese mit einem Willen anfasst, der aus Beobachtungen der Wirklichkeit gegenüber geformt ist.

So sehen wir heute im Schrifttum oft das „Stanser Verkommnis", um das es sich hier handelt, auftauchen, doch in verschiedenster Darstellungsart.

Es war am 20. Dezember 1481, als der Abschluss der Tagung (der Tagsatzung) zu Stans bevorstand. Es konnte keine Einigung erzielt werden (über Aufnahme zweier Städte, Teilung von Beute, Bürgerrecht und Rechtsformen zwischen den 4 Waidstatten). Die verschiedenen

Parteien und Länder „bestanden unter lauten Drohungen auf ihren Meinungen; bei heftigen Erklärungen, trotzigen Reden entbrannte der Zorn so, dass die Freyburger und Solothurner von ihren Interessen zurücktreten wollten, auf dass nur nicht alle Eidgenossenschaft untergehe". Es verging die dritte Sitzung, ohne dass ein Mittel gefunden wurde zu einer Verständigung. „Ohne Abschied, mit flammenden Gesichtern, trennten sich die Männer bei einbrechender Nacht" und rüsteten sich zur Abreise; ein Geschrei ging durch den Flecken. „Was Österreich und Burgund nicht gelungen, die Zerstörung der schweizerischen Eidgenossenschaft in den Schlachten gegen die überlegenen österreichischen und burgundischen Heere, das gelinge jetzt durch innere Schwäche, der letzte Tag der Schweiz sei erschienen. Dieses hörte mit Entsetzen ein frommer, aufrechter Mann, Herr Heinrich im Grund aus Luzern, Kilchherr (Pfarrer) zu Stans; er verstand wohl, dass nichts anderes als ein Krieg entstehen werde. Da gedachte er seines Freundes, Bruder Klausen, ein Mann, der von der Welt zurückgezogen der Besinnlichung lebte, stand in der Nacht auf, nahm seinen Stab und eilte hinaus in die Wildnis. Vierthalb Stunden war er gelaufen, als er spät in der Nacht an der Zelle seines Freundes erschien. Er erzählte den Verlauf der Tagung: „Die Tagsatzung, welche Ihr selbst angeraten, nimmt einen äusserst unglücklichen Ausgang", flehentlich bittend, im allerletzten Augenblick des untergehenden Vaterlandes bei Gott und Menschen alles aufzubieten, was er vermöge. „Und der Greis erhob sich in seiner nie getrübten, gütigen Würde: Sage ihnen, der Bruder Klaus habe dem Tag auch etwas vorzubringen."

Der Bote Heinrich im Grund ging eilends zurück, kam schweisstriefend in dem Hauptflecken an, suchte in allen Gasthäusern die Tagungsherren und bat sie zu bleiben, um noch Niklaus von der Flüh anzuhören.

Und sie blieben.

„Hierauf nach wenigen Stunden kam der Bruder Klaus: ein ungemein hochgewachsener, wohlgestalter, vom Alter nicht gebrochener Mann, aber nur Knochen wurden von der kastanienbraunen Haut bedeckt; seines Blicks ausserordentliche Klarheit, Ausdruck von Liebe und Ernst in allem – wie immer. Als der Mann, fröhlich in der Kraft seines Gottes, in die Versammlung trat, und, nach seiner Art, mit langsamen Worten und männlicher Stimme sie grüsste, standen alle Tagherren von ihren Stühlen auf und neigten sich.“

Dieses ist der erste Teil des Ereignisses:

Sie blieben; sie hörten ihn an; sie neigten sich.

In schlichten, ruhigen Worten sprach er zu ihnen. Er sagte, er sei ein ungelehrter Mann, besässe weder Kunst noch Wissenschaft, was er habe, das gebe er ihnen, und was er gebe, das habe er von derselben höheren Macht, durch welche die Gründung, der Zusammenhang und die Einigkeit der Eidgenossenschaft entstand und sie in Tagen der Schlacht zu Siegen führte. Er sagte, dass sie Kriege geführt hätten, weil es nicht anders hätte sein können, und er brachte sie darauf, zu bedenken, dass sie aber den aus den Siegen von selbst entstandenen nachteiligen Folgen (Veroberflächlichung, blinde Teilsegoismen) nicht machtlos gegenüber stünden und sich deshalb nicht trennen müssten. Er bat sie dringend, auf Verschiedenes aufmerksam zu sein, er wies sie hin auf die grosse Gefahr, die in der Parteiung liege. Er sagte, dass trotz Missverständnissen, die wohl unter Brüdern kommen mögen, es recht und billig sei, in jeder Partei sich von der alten Art gleicher Grundsätze führen zu lassen." (Aus Johannes von Müllers 5. Buch „Geschichten der Schweiz", Seite 253 u.f.)

Die Art, wie Niklaus von der Flüh zu den Ratsherren sprach, und die in seiner Ansprache nicht ersichtlichen Hintergründe, aus denen er zu ihnen redete, das bewirkte in der Tagsatzung ein Solches: „dass in einer Stunde alles verglichen ward".

Und (so spricht die Chronik weiter) also beginnen die Tagherren den Abschied: „des ersten, weiss jeder Bot(schaft) heimzubringen von der Treu, Müh und Arbeit, so der fromme Mann, Bruder Klaus, in diesen Dingen getan hat, ihn des treulich zu danken. Aber aus dem Hauptflecken Stans hinauf in den Gotthard, hinunter bis Zürich und bis nach Rhätien und in den Jura allgemeines Freudengeläute, wie nach einem grossen Sieg; es hatten die Eidgenossen sich selbst überwunden."

Auf denselben Sonnabend, am 22. Dezember 1481, nachdem volle Einigkeit erzielt ward, wurden zwei Städte in den „ewigen Bund Schweizerischer Eidgenossenschaft" aufgenommen; die Bundeskreise (Grenzen) erweitert, Rechtsformen über Handel und Wandel, Verteidigung und weitere Verbindungen, und Friede und Ordnung in der ganzen Schweiz festgesetzt; ein Bürger(vor)rechtsbrief zerrissen; der ewige Bund und die alten Freiheitsbriefe bestätigt, mit Beschluss fünfjähriger Erneuerung (Feier) derselben. Und das ist: „gemeiner Eidgenossen Verkommnis (Abkommen), zu Stans mit Bruder Klausen verabredet".

Soviel aus der Beschreibung dieses Ereignisses nach den Urkunden. Dass also das Geistesleben in Fragen oder Verhandlungen des Wirtschaftslebens und politischen Rechtslebens einfloss, soll durch dieses Geschehnis gezeigt sein.

Das Land Niklaus von der Flühs wurde in einer Stunde höchster Not von innerem Zerfall errettet durch die Vermittlung des Bruder Klaus', durch die innere Kraft seiner Persönlichkeit. Weil man heute eine ähnliche Not spürt und fürchtet, deshalb greift man heute gern auf ihn zurück. Wir empfinden und hoffen, dass: – wie aus einem richtigen Prinzip damals Hilfe wurde – es gar nicht anders sein kann, als dass aus einem gleich richtigen, unserer Zeit entsprechenden Prinzip auch heute in Not und Gefahr Hilfe werden wird.

Ich glaube, es kann für die Wirksamkeit der Dreigliederung des sozialen Orgnismus kein schöneres Beispiel geben.

Dass das Geistesleben in diesem Fall durch Niklaus von der Flüh rein repräsentiert war, zeigt sich durch das Leben Niklaus' von der Flüh selbst. Es sei hier kurz beschrieben: Nikolaus Löwenbrugger, der sich selbst von der Flüh nannte, riss sich nicht von seiner Familie los, indem er Weib und Kinder verliess (den Säugling an der Mutter Brust), wie es von religiöser Seite künstlerisch beschrieben wurde, sondern er suchte die Einsamkeit auf mit den Willen und vollen Einverständnis seines Weibes, im 50. Altersjahr, nachdem auch das jüngste seiner zehn Kinder erwachsen war, sich alle selbstständig erhalten konnten und seiner nicht nötig bedurften; nachdem er die ersten fünfzig Jahre seines Lebens alle gemeinen Pflichten wohl erfüllt, den häuslichen und sozialen aufs äusserste nachkam. Er bewirtete sein Gut, war Landrat, machte zwei Kriege mit, doch wollte er nicht Landammann werden, denn: „Der Lauf alltäglicher Dinge verdiene keine solche Aufopferung."

Es war bei Nikolaus von der Flüh nicht ein Fliehen vor der Welt, nicht eine Flucht in Askese, in Einsamkeit aus Lebensverzicht (wie es von der katholischen Kirche günstigen Schriftstellern schon zur Zeit Niklaus von der Flühs als Wunder gepriesen wurde). Von seiner Lebensart – er lebte fast ohne Nahrung – „sprach er selbst als von einer persönlichen Eigenschaft von ihm (von seinem Körper) und nicht wie von einem Verdienst; es sei kein Wunderwerk, sondern eine natürliche Sache"; er litt nicht, dass andere seine Art zum Vorbild nahmen und wehrte denen, die es seiner äusseren Lebensweise gleich machen wollten. „Solchermassen lebte der Bruder Klaus in steter Betrachtung der höchsten Vollkommenheit, in Überlegung und Übung der Mittel, unsere Beschränktheit und Vergänglichkeit über sich selbst zu erheben". Er sagte: „Der Brunnen des Lebens führe immer die heilreichen Wasser."

Wenn er sich in die Stille zurückzog zur Sammlung auf die Ursachen aller Nöte, auf die wahren menschlichen Wesenheiten, die er bei seinem Suchen nach Gott erkannte, so war das nicht eine Flucht vor dem Irdischen, sondern im Gegenteil, um sich im Irdischen als voller Mensch hinzustellen.

Aus solchem Leben erstand ihm die Kraft, all den vielen, die ihm von weither um Rat aufsuchten, Hilfe sein zu können, ohne dass dieses in seiner besonderen Absicht lag, und so wurde ihm, bei diesem Leben in Gedankensammlung, die Fähigkeit, seinem Vaterland in Stunden der Not zu jener wunderbaren Hilfe bereit zu sein, wie sie sich dann ergab.

Nochmals die Frage: Was ist geschehen in der Tagsatzung (der Tagung) zu Stans? Man erinnere sich, wie geschrieben stand: „Ohne Abschied, mit flammenden Gesichtern trennten sich die Männer ...". In dieses flammende, rote Zorn- oder Hasselement hat sich die Weisheit oder das Weisse Kreuz hineingestellt: der zu sich gekommene, auf sich selbst gestellte, tragende, emporgerichtete Mensch.

Somit glaube ich, deutlich genug gezeigt zu haben, dass Niklaus von der Flüh in seiner Abseitigkeit gar nicht abseits stand vom Leben: „Der Brunnen des Lebens führe immer die heilreichen Wasser" – des Lebens als ein Umfassendes, im Erstreben einer Bewusstheit in den irdisch-geistigen Lebensangelegenheiten – und dass er Repräsentant des Geisteslebens war und als solcher also in dem dreigliedrigen sozialen Organismus eben dann wirkte.

Könnte ich noch so innig oder zehnfach beweisen, dass Niklaus von der Flüh Vertreter des freien Geisteslebens war oder dass heute das Geistesleben im dreigliedrigen sozialen Organismus integrierendes Mitspracherecht haben muss, und zwar ein richtiges, allseitiges, auf menschlicher Zentrallage beruhendes Geisttum, nicht zu verwechseln mit solchem, das als Spezial-Wissenschaft gewohnt oder laut oder neu dasteht, so finde ich es doch angebracht, nochmals auszugehen von den Gedanken, den ich im letzten Abschnitt erwähnte: „Aber kommt es denn im Leben nur darauf an, dass man in irgendeiner Lage etwas Richtiges sagt? Hängt nicht vielmehr alles davon ab, dass man die Gedanken findet, die

Tatbestände in Bewegung bringen können? Es ist eine Erscheinung im heutigen öffentlichen Leben, die diesem zu schwerstem Schaden gereicht, dass man mit dem Denken nicht Wirklichkeitssinn verbinden will." Niklaus von der Flüh sah beide Parteiungen, sah das Recht beider Parteien, ihre Seelenhaltung und das Berechtigte ihrer Forderungen; und er war aus seiner Überschau des Ganzen fähig, jeden Forderer an seinen Platz zu stellen, so dass keiner dem anderen gegenüber sich in Nachteil sah. Und die Tagsatzung nahm an, was von ihm ausging.

Lebt man denn mit der Wirklichkeit, wenn man seine gewohnte Denkart behält, oder wenn man Angst hat, als Idealist verschrien zu werden, oder wenn man auf seine eigenen finanziellen Interessen schaut? Das ist schon Wirklichkeit, nur ist ja eine ganze Welt noch um einen herum, die auch noch zu beachten wäre, um in der Wirklichkeit zu sein.

Man sagt leicht: Solche Persönlichkeiten, wie in diesem Ereignis geschildert, kommen heute nicht mehr vor ... Wie wäre es, wenn in einer grossen Regierungsberatung ein Präsident sagen würde: „Heute, meine Herren, wollen wir im Geiste eines Pestalozzi verhandeln, eines Menschen, der ‚Lienhart und Gertrud‘ geschrieben hat."

Es gäbe Empörung oder, man würde einfach lachen. Und doch; es gäbe einen anderen Geist in der Versammlung, wie wenn eben jene Persönlichkeit da wäre. Man käme von seiner Eigenart los, von seinem Standpunk, müsste eine Art selbstlos sein. Man wäre vorerst allerdings konsterniert, man wäre gelähmt: „Veraltete Geschichten", würde man sagen. Was entsteht aber, wenn man annimmt, die Wahrheit, die Menschenliebe (in jener Erzählung geschildert) sei veraltet?

„Solche Zeiten oder Menschen gäbe es heute nicht mehr", das ist ganz selbstverständlich eine gute Ausrede, wenn man selbst sich nicht ändern, in die heutigen wirklichen Erfordernisse nicht Einsicht haben will.

Hängt nicht alles davon ab, dass man Möglichkeit sucht zu dieser Änderung? Diese ist schwer. Es ist schwierig, von sich los zu kommen, sich von seiner Art zu befreien oder, zeitweise, zu entfernen. Und doch geht es heute um das. (Manche werden denken, von sich los zu kommen sei nicht besonders schwer, man muss nur die Ferien abwarten, und Auto und Campingzelt in Ordnung haben ...) Es handelt sich natürlich darum, nicht nur von sich fort, sondern zu etwas hin zu kommen. Einen Lehrmeister zu nehmen, ist Zugeständnis eigener Unzulänglichkeit. Auf eine andere Partei zu hören, das darf man nicht; man verlöre sonst in der eigenen Partei an Ansehen, an Prestige (welch ein Wahnsinn), und auf einen Prediger zu achten, kann man nur ausser der Amtszeit. Und man weiss kaum Besseres, als in seiner Art zu bleiben, doch mit unbegreifbarer und darum unanfechtbarer diplomatischer Routine. Denn es wird sogar als Kraft, als Charakterstärke angeschlagen, auf seiner Meinung zu beharren, seinem Standpunkt treu zu sein.

Es geht aber nicht um das Subjektive, sondern darum, Tatbestände in Bewegung zu bringen, was niemals allein durch den bohrenden Verstand, sondern am ehesten durch Vorhalten unseres Zeichens geschehen kann. Denn am ehesten könnte man, um von sich los zu kommen, ohne sich blosszustellen oder weh zu tun, auf eine neutrale Stimme hören. Diese gibt es aber. Und das ist der Blick auf das Weisse Kreuz im roten Feld, wenn man dessen Sprache versteht. Und diese versteht man, vergleichsweise, wie man etwas von Mathematik verstehen kann, wenn man ein kleines, geschlossenes mathematisches Lehrbuch zu Ende durchgearbeitet hat, oder wie man durch ein Sprachlehrbuch von 100 Seiten – Der beredte Portugiese – einen Begriff vom Portugiesischen erhält, wenn man es durchgeübt hat.

Wenn man bei dem Weissen Kreuz eine Art Sieghaftigkeit empfindet in dem Rot der naturhaft von selbst treibenden Gefühle, Wünsche und Gedanken, so ist das Wunderbare daran, dass dieses Zeichen zu einem spricht in der eigenen Sprache, mit dem einem selbst zu eigen gehörenden Wortschatz. An was man nur immer herangeht, es eröffnet einem ungeahnte Lichtblicke, welche beispielsweise die Hindernisse, an die Problematiken heranzugehen, ins Bewusstsein heben können. Es wirkt damit die Kraft des Symbols, welches, wie früher angedeutet, „alle Saiten des menschlichen Geistes zugleich anschlägt, während die Sprache genötigt ist sich immer nur einem einzigen Gedanken hinzugeben".

Die Art des Denkens, die sich im öffentlichen, sozialen Leben so dringend ändern muss, wird aber auch ins individuelle Leben hinein fluten, umso eher, wenn sie auf einem Prinzip beruhen wird, von dem das Abzeichen spricht, das vorderhand zur Hauptsache noch ein nationales ist und somit jeden Menschen dieser Nation vorerst besonders in seiner Empfindung direkt persönlich etwas angeht oder interessiert. Und umgekehrt: Was jedem naheliegt, das muss ja dann auch leichter im öffentlichen sozialen Leben Eingang finden können.

Wenn, wie man mir sagte, das ursprüngliche Buchmanuskript schöner sei als diese gekürzten Absätze, bei welchen ich allein über dieses Ereignis circa 20 Seiten vom ursprünglichen Text unberücksichtigt liess, so hoffe ich dennoch, dass von den Prinzipien, welche ich hier zeigen wollte, etwas deutlich zum Ausdruck gekommen ist. So will ich nun noch mit einem Wortlaut aus dem erwähnten, nicht gekürzten Exemplar dieses Ereignis und Kapitel abschliessen:

„Es liegt an uns, dass in dem sozialen Organismus dieses geistige Prinzip in Bewegung komme, indem wir selbst den Wegen, die zu ihm hinführen, folgen. Wie weit wir fähig sind, soll unsere Sorge nicht sein, doch geht uns sehr an, dass und wie wir gehen. Und gehen wir, dann sind wir ja schon in dem Geistprinzip. Wir sind dann Träger schon von diesen Kräften; sie sind dann da. Und was durch uns sich dann – und auch nur dann – ins soziale Leben tragen kann, davon wird näher noch gesprochen werden.

Doch dem vorgreifend darf man hier schon sagen:

So sicher wie damals Hilfe wurde aus einem richtigen Prinzip, so sicher ist, dass durch ein gleich richtiges, unserer Zeit entsprechendes Prinzip auch für unsere Zeit Hilfe werden wird.

Und wenn damals durch es in schwerer Stunde das zustande kam, dass, wie es hiess, mit Recht „die Glocken tönten vom Ort des Geschehens hinauf zum Gotthard und hinunter bis nach Zürich, und bis nach Rhätien und zum fernen Jura, in einem allgemeinen Freudengeläut, wie nach einem grossen Sieg", so wird auch heute durch den rechten Weg in weiterer Wirkung das zustande kommen, dass dann mit Recht die Glocken läuten dürften – von den Bergen hinunter zu den Seen und flachen Ländern, bis zu den Meeren hin und jenseits ihrer Küsten bis tief in die Länder hinein zu fernen Völkern, wie nach einem mächtigen Sieg, in welchem sich die Menschheit selbst überwand."

Und weiter – weiter sich erhöhen wird unter der Ausdruckssprache dieses Zeichens.

XI.

In den letzten Abschnitten lag mir daran, aus der Schweizer Geschichte die Wirksamkeit der „Dreigliederung des sozialen Organismus" aufzuzeigen, wie sie in schönsten Beispielen lebte und wie sie richtig der Ausdruckssprache unseres aus dem Leben ins Leben weisenden Zeichens entspricht. Es wurde versucht klarzulegen, dass eine Vernunft in und zwischen den Staaten und eine Gesundung nicht ohne die Durchdringung des Denkens mit den Dreigliederungs-Gedanken gedeihen können. Und hier soll ebenfalls versucht werden, mit Hilfe der so wesenhaften Sprache vom Weissen Kreuz im roten Feld etwas von den guten Bestrebungen im Menschentum zu beleuchten, auf dass sie nicht in Illusionen stecken bleiben oder weiter zerfallen. Auch eines jeden Menschen Pflichterfüllung, bei der man ja meistens nicht über den engeren Kreis und die sichtbare Gegenwart hinaus lebendig bleibt (mit Ausnahme etwa in den Künsten, besonders den Bildwerken in Stein), könnte bei der Durchdringung mit jener Sprache etwas über den Hoffnungs-Glauben hinaus in die Zukunft hinweisen.

Es wurde in den vorgehenden Kapiteln zu zeigen versucht, wie sehr unser Tun und Denken und Forschen gefärbt ist von den physisch-seelischen Bedürfnissen und Naturanlagen, gelenkt ist von Mächten, die in ihrer besonderen Herrschaft gar nicht der Stufe des Menschen entsprechen und die ein objektiv Geistiges, welches nur aus den auf sich selbst bestehenden Geistesgesetzen und nicht von Natur aus entstehen kann, gar nicht zulassen.

Es wurde hingewiesen darauf, dass in den Entwicklungsgeschehen der Menschheit früher Kräfte und Anlagen wirkend waren, ohne das freie Bewusstsein, das heute Bedingung ist, und dass, wenn wir uns unseren Anlagen und (wenn auch idealen) Wünschen überlassen, die in früheren Entwicklungszeiten aufbauend sein konnten – und es in der physischen Entwicklungszeit des jungen Menschen noch sind, – in der heutigen Zeit als Naturelemente oder Elementargewalten zerstörend wirken, vergleichsweise so, wie in den verschiedenen Jahreszeiten gewisse Naturkräfte Boden vorbereitend und aufbauend sind zu ihrer Zeit, dieselben Kräfte aber zu anderer Zeit das Wachstum hindern oder töten können.

Wir haben gesehen, dass die Fähigkeit zu einem freien Bewusstsein sich nicht von Natur aus im Menschen selbst einstellt, sondern beispielsweise durch den sozialen Zusammenhang bei absichtlicher Pflege eines Verantwortungsgefühls zu demselben.

Wir wollen die Welt nicht um einen Stoff intellektuellen Wissens vermehren oder einen solchen auffrischen, und wir wollen auch nicht in den heute allgemein verlautbaren Aufruf zu einem „Geistigen" einstimmen, sondern – und das ist etwas anderes – wir wollen im Menschen, in unserem eigenen Verhalten willentlich eine Anlage zu einem sich erweitern könnenden Bewusstsein über das Wesen des Menschen entwickeln. Wir wollen nicht *nur* Wissen über Erkenntnisbildung aufstellen, sondern uns selbst Schritte auf dem Weg zu ihr tun lassen. Es bilden sich dadurch, durch einen bestimmten Weg, in uns neue Fähigkeiten, es bildet sich in uns sozusagen ein neues Organ, das durch das Ergehenlassen in unserer Natur sich von Natur aus nicht bildet. Die Ausbildung etwas von Natur aus nicht bestehendem Neuem in uns ist aber nichts Künstliches, eher etwas Künstlerisches, unbedingt aber etwas Schöpferisches, zu dem wir da sind.

Das bisher Gesagte stellt eine Art Weg dar zu dem, was in diesem letzten Kapitel, in welchem ich mich auf total noch drei Abschnitte beschränken möchte, als eine Art Frucht oder Abschluss ausgeführt ist (als Abschluss, soweit es der Rahmen dieser Schrift erlaubt). Wer nur wissen will, dass und wie man sich selbst aktivieren muss, oder es schon lange weiss, dabei aber auf seinen Fähigkeiten, Instinkten und Wünschen sitzen bleibt und selbst keinen solchen Weg beschreitet oder beschritten hat und sich ein solches Organ nicht bildet, und dann beispielsweise aus einer Art Wissensneugierde in dieses Kapitel eintritt oder erst hier zu lesen beginnt, für den wird manches darin unverständlich sein und missverständlich bleiben, und dessen Urteil über das Wesentliche des nun Folgenden wird nicht zu Recht bestehen können. Wer nicht willens ist, etwas in sich zum Schweigen zu bringen, Becher und Schale zu sein, ungefüllt mit Wünschen, Hoffnungen und Denkgewohnheiten und nicht aufnahmebereit für ausserhalb seiner selbst sich ergebende Beobachtungsresultate, auf dessen Einwendungen über das nun Folgende einzugehen, würde zwecklos sein.

Diejenigen aber, die diese Becher in sich selbst darstellen, sie selber sind, sie wieder und wieder leeren von subjektiven, vegetativen, von selbst einfallenden Gedanken und sich befähigen wollen zu Urgedanken, zu solchen, die nicht von ihren physisch-seelischen Anlagen und Wünschen, von den subjektiven Fähigkeiten und Instinkten befohlen sind, diese werden allmählich immer deutlicher vernehmen, dass sie nicht ihretwegen, sondern der Welten wegen da sind. Es eröffnet sich ihnen eine neue Welt, die ist sehr schön, eine neue Liebesfähigkeit. Die Konflikte in ihnen werden zwar nicht verschwinden, es werden derer nicht unbedingt weniger, sie werden sich sogar eher vermehren. Viele üblich Denkende werden sich sagen: Welch ein Unsinn, einen Zustand nicht meiden oder zulassen zu wollen, in welchem sich die Konflikte vermehren können. Nun, andere, die schon wissen, dass sie nicht des Wohlseins wegen da sind, sondern beispielsweise des Wortes wegen, mit dem sie denkend die Welt um und in sich erfassen können, die beispielsweise den Unterschied von Mensch und Tier so vor Augen haben, wie wir ihn darzustellen suchten, diese werden zwar die Konflikte nicht gerade herbeisehnen, aber sie werden sie herankommen lassen. Denn durch sie und durch ihre wachsende Verantwortung bilden sich ja in ihnen Kräfte, mit denen sie den Konflikten standhalten können. Sie werden dem Schicksal nicht gram sein, das ihnen Nöte bringt, denn bei der Bereitschaft, sich ihnen mit dem Bewusstsein und nicht nur mit dem Instinkt entgegenzustellen, wird ja Fühlen und Wollen in einer Art geimpft, durch die ihr Denken zu einem umfassenderen Denken sich mehr und mehr erweitert. Weil dadurch ihr Weltbild in einem Mass, wie sie es vorher nicht ahnten, bis in Details überraschend bereichert werden kann, werden sie das Herankommenlassen der Konflikte oder Nöte als etwas fundamental Wichtiges für ihr Leben betrachten.

Sie erkennen, dass gerade in der heutigen Zeit im Grossen die Tendenz besteht, die Konflikte vermeiden und sie nur immer weghaben zu wollen. Es zeigt sich ihnen zum Beispiel, dass diese Tendenz am auffallendsten allen Friedensbestrebungen zugrunde liegt, indem diese vorwiegend einem natürlichen, selbstverständlichen Instinkt des Menschen entstammen, die Konflikte forthaben zu wollen, ohne dass man sich dabei Rechenschaft ablegt, was man denn damit tut.

Dieser Instinkt, den Frieden zu festigen oder zu erringen (man könnte auch sagen: zu erobern), entspringt einem, nicht wahr, sehr berechtigten Bedürfnis des Menschen. Ob man sich aber bei diesen Bestrebungen idealistisch einem Friedensverein anschliesst und ein Antikriegsmonatsblatt abonniert, oder ob man sich skeptisch – weil ja doch kein Ziel erreicht werden könne – solchen Bestrebungen fernhält, oder unabsichtlich, vielleicht nur aus Zeitmangel, ihnen gegenüber gleichgültig bleibt, alle diese Verhaltungsweisen entspringen einem Gleichen, diesem Wohlseinsbedürfnis.

Wie sehr die Friedensbemühungen den instinktiven Bedürfnissen entspringen, und wie gewaltig gross die Rolle ist, mit der sich diese Instinkte in der Menschheit heute auswirken, das möge durch zwei Beispiele klar werden. Aus ihnen kann sozusagen das Urphänomen des Friedensstrebens ersichtlich sein. Durch Erkenntnis des Ur-Grundsätzlichen in ihnen werden uns diese Bestrebungen verständlich, sowie in der Welt der Farben nur durch Erkenntnis des Farb-Urphänomens farbige Erscheinungen verständlich werden.

1. Wir nehmen als Beispiel einer Weltfriedenstagung, zum Beispiel von Brüssel, wie sie im September 1936 stattfand: 4000 Delegierte aus 35 Staaten waren bei diesem Kongress anwesend, Vertreter von 750

nationalen Vereinigungen (die sämtliche Volksschichten in Männer-, Frauen- und Jugendbünden umfassten) waren daran beteiligt, mit dem Resultat, dass in jedem Land eine Zentrale für die „Koordinierung der Friedenskräfte" beschlossen wurde, und mit der Schlussresolution: „Der Frieden ist in Gefahr, man muss ihn retten."

2. Eine immer wiederkehrende Weihnachtsbotschaft an die Welt, die in kurzer und mächtiger Sprache abgefasst und wegen der Höhe ihrer Schöpfer wohl in den meisten Tageszeitungen der Erde abgedruckt ist, gipfelt und endigt in dem gewaltigen Ausruf: „Frieden! Frieden! Frieden!"

Mit was anderem ist denn dieser, mit den Willen und Wünschen durchdringen wollende Ruf des zweiten Beispiels zu vergleichen als mit dem begehrenden Schrei eines gefangenen, hungernden Tieres?!

Und im ersten Beispiel: Läuft nicht alles auf denselben Ruf (dieselben Schreie) hinaus? Dieser Ruf ist so sehr berechtigt aus dem Zustand unserer Gefangenheit, wie er dort beim Wesen des Tieres berechtigt und seiner Gefangenheit gemäss ist. Der Begabung unseres wahren sozialen, unseres menschengemeinschaftlichen Wesens ist dieses Rufen nicht gemäss, denn was tun wir durch dieses Rufen und Verlangen? Wir tun damit unbewusst das: Wir betätigen dadurch unsere Instinkte. In gleichem Mass wird gleichzeitig auch in anderer Weise aus dem Bereich dieser Instinkte eifrigst gearbeitet. Mit zwingender Logik, mit logischer Richtigkeit aus diesem Bereich wird, immer im Hinblick auf den Frieden, auf das Recht zum Frieden, auf ungeheuerliche Weise militärisch aufgerüstet. Es war von jeher so. Es wurden aus einem zwingenden Gesetz, das diesem Bereich zugrunde liegt, vielleicht von je mit dem innigsten Friedenswunsch ein Krieg und eine Herrschaft entfacht.

Welche Art von Gewalt oder Herrschaft entsteht, und über diese sich etwa aufzuregen, das ist etwas Unwichtiges im Vergleich zu dem viel Interessanteren: aus welchem Urgrund sie sich bildet. Weil diese zwei Arten der Friedensbestrebungen, die Friedensrufe und die Waffenrüstungen dem menschlichen Wesen nicht gemäss sind, weil durch sie, durch den sie verursachenden Instinkt, die Konflikte nur weghaben zu wollen, im Menschen keine Kraft gefördert und in ihm nichts gewandelt wird, darum sind sie ihm auch nicht zweckdienlich, und deshalb wird man, um mit ihnen zu einem Ziel zu gelangen, sie nur umso intensiver ergreifen. Da man dieses (kulturmässige) Ziel im Allgemeinen aber nur durch diese Mittel (durch naturmässige, instinktmässige) zu erreichen sucht, so ist es gar nicht anders möglich, als dass eben das zustande kommt: Dass diese naturgemässe Haltung als ein Naturelement sich auswirken wird, wie es eben in der Wesensart eines Naturelements liegt. Sie wird sich auswirken als Elementargewalt, von selbst, ungewollt und unerkannt und gegen alle Berechnung.

Wer etwa glaubt, diese zwei verschiedenartigen Friedensbestrebungen, die friedensrufmässige und die waffenmässige, hielten sich die Waage, der irrt sich, denn wenn es einmal zum Losbrechen kommt, so kann natürlich nicht der ruhigere oder friedlichere Teil dieses Naturelements losbrechen, sondern nur der gewaltmässige. So wie ein Wasser von den Bergen, das ein friedliches und ein eigenwilliges Element in sich trägt, dann, wenn es als Elementargewalt losbricht, sich nur mit dem stärkeren Element auswirkt.

Und wer etwa meint, es sei hier etwas gegen die instinktiven Kräfte und natürlichen Anlagen und Triebe des Menschen ausgesprochen, der meint dies nur mit den von seiner Natur von selbst einfallenden Gedanken.

Wir dürfen die ungeheuren Friedensanstrengungen von heute nicht unterschätzen. Wenn man auf die Zahl der an einem Friedenskongress beteiligten Delegierten schaut (erstes Beispiel), so kann man bewegt werden von der Grösse der Anstrengungen und der Höhe der Gesinnung, in der diese grosse Anzahl Menschen den guten Kräften in sich Ausdruck zu verleihen sucht und es darf uns nur tiefste Ehrfurcht ergreifen vor der Menschen- und Ordnungs-Liebe, mit der sie sich diesen Bestrebungen hingibt. Man kann aber auch, gerade wenn man auf diese Zahlen schaut, erschüttert werden von der Wirkungslosigkeit, in welcher diese natürlichen Empfindungen und guten Kräfte sich darleben.

Man mache sich nichts vor, sie können nicht positiv und fruchtbar sein, wenn man nicht Bewusstsein in sie hinein trägt; wenn man sie nicht überschaut, und sie sind so lange nicht wahr, diese guten Kräfte, als sie – um im goetheschen Sinne zu sprechen – nicht fruchtbar sind.

Wer sein Leben mit einem bestimmten Bewusstsein zu durchwirken trachtet und sich dadurch in seinem Denken über die Friedensangelegenheit verwandelt, der möchte am liebsten, ja, auch mit einen Instinkt und Trieb, all die vielen in jenen Bestrebungen tätigen guten Menschen mit seinen Armen umfassen und in sein Reich des Denkens ziehen, in sein Reich der vielleicht noch geringen Erfahrungen. Er möchte mit innigem Wunsch und Liebe ihm zurufen: Hütet Euch, das subjektive Wohlgefühl, das sich Euch einstellt bei Euren edlen Bestrebungen, zu verwechseln mit objektivem Wert derselben. Nein, wir stellen uns nicht gegen die Triebe und Anlagen und instinktiven Bedürfnisse des Menschen; sie sind Triebfedern im Leben, und man kann ja nur zu Unrecht sich gegen sie stemmen, ja nur zu Unrecht sie unterdrücken. Aber man hat sie zu verwalten im Hinblick auf die Bestimmung des Menschen und den sozialen Zusammenhang. Wer nur natürlich lebt (in seinen Bedürfnisegoismus), der kann sie schiessen lassen, obwohl er dadurch gerade unbewusst teilnimmt an den Zeitgeschehnissen und deren Folgen.

So wunderbar die Instinkte und Naturgaben im Menschen sind, sie sind nur als Kräfte da; wertvoll nur, wenn man sie als positiv wirksame nützt und sich mit ihren Eigenschaften nicht betrügt. Wunderbar sind die Kräfte, die im Wasser sind; und wertvoll sind die Wasser für den Menschen beispielsweise nur, wenn man sie von den Seen und Quellen auf die Felder trägt; wenn man an rechter Stelle die stürzenden Bäche staut und, ja, entgegen der Natur, in den ewigen Fluss Turbinen für die Generatoren einschaltet. Als Natur überlassen, können die Wasser trotz ihren Kräften dem Hauptaspekt nach indifferent und unwirksam, sicher aber auch zerstörend sein. Wertvoll sind sie nur, wenn man sie weise bemeistert und verwaltet; und es würde niemandem einfallen, sie ablehnen oder unterdrücken zu wollen.

Den Naturmächten gegenüber, die ausserhalb von uns stehen, können wir uns richtig verhalten, weil wir ihre Wirkungen meist objektiv und rechnerisch beobachten können. Den Naturkräften in uns selbst gegenüber können wir solange uns nicht richtig verhalten, als wir ja selbst in ihnen stehen, aus ihnen fühlen und denken. In ihnen können wir nicht rechnen, nicht frei mit ihnen walten. In ihnen stehend, können wir sie gar nicht sehen, so wenig wie wir ein Haus sehen können, wenn wir nur in ihm sind.

Eine Maschine lässt sich kontrollieren; wie viel schwerer ist die Kontrolle den Gesetzen des Lebens gegenüber, die ja nur auf lange Sicht sich auswirken! Weil die Resultate geistiger Bestrebungen nicht unmittelbar sichtbar und die Lebensvorgänge dem gewöhnlichen Denken nicht ohne Weiteres erfassbar sind und darum eine Kontrolle in ihnen sich nicht von selbst ergibt, deshalb stehen wir ihnen allermeistens mit Gefühlshaltungen gegenüber, die sich von selbst ergeben. Es tritt da unser vitales Trägheitsmoment in Funktion, das Natur- oder auch rote Element in uns. Eine Maschine reagiert nicht auf Gefühlswerte, wir sind ihr gegenüber gezwungen zu einen objektiven, das heisst, vom vitalen Selbst losgetrennten Denken. Vorgänge des Lebens aber lassen alles Mögliche von unseren Empfindungen zu.

Die Lebensprozesse, die alle einen inneren Zusammenhang und geistige Ursachen haben, seien es Entwicklungsvorgänge des aufwachsenden Menschen selbst (womit sich richtig erst eine neu beginnende Pädagogik befasst) oder Vorgänge in der Landwirtschaft, der Tierwelt oder dem sozialen Leben – sie zwingen einen nicht direkt zu objektivem Denken, oder so lange nicht, als man sich ihrer krankhaften Auswirkungen mit den normal üblichen, auf Wunschwerten beruhenden Handlungen noch zu erwehren für fähig wähnt. Es gibt in geistigen, in sozialen Bestrebungen etwa genauso viele Meinungen und Parteiungen als es Gefühlshaltungen gibt. Gerade hier, in den langsam sich auswirkenden

Lebensprozessen, kommt es auf ein ganz anderes (als nur natürliches) Denken an; es kommt darauf an, dass wir in Geduld tragend, ertragend und wirklich im Bewusstsein uns Emporrichtende sind.

Dass ein Besseres oder dass ein Bewusstsein aus dem Ring der Friedensparteien und Parteilichkeiten (die Kriege und Schutzparteien gehören auch dazu) nicht spriessen kann, ist so begreiflich, denn wie sehr nah ist die Verführung, unser Wohlgefühl in edlen Bestrebungen für objektives Geschehen zu nehmen. Wie vorschnell mühelos leicht landen wir bei den heiligen Argumentationen auf das Vaterland, man ist dabei nie öffentlich blamiert, wie wenn nichts Besseres sich schützen liesse. Der Geist schützt sich schon selbst, ist unverletzlich, und um selbst unverletzlich sein zu können, muss man erst mit ihm Freundschaft trinken. Wir werden es tun, wir hören, und wir warten.

Und so in anderen Worten nochmals dies: Die guten Kräfte in dem Friedenswollen sind so indifferent (von uns aus) und abfliessend, wie die der Wasser, wenn man sie nicht fasst. Um die der Wasser zu Licht zu verwandeln, muss man ihnen nachgehen. Man muss Elektriker sein. Man muss elektrisch denken, mechanisch denken. Um die Gesetze des Lebens im Licht zu belassen, muss man auch ihnen nachgehen. Man muss aus dem zu leben trachten, was des Menschseins Bestimmung ist und Sinn. Man muss denken, muss denken so, wie es nicht nur aus dem Fühlen und dem Wollen kommt. Es braucht schon eines jeden stetige Kontrolle (der Träumenden sowohl als der Aktivisten), wie weit das eigene Denken diktiert sei von dem physisch-seelischen Verhalten, von dem Gefühl, von Vorliebe und Hass und Vorurteil.

Wenn in den Bemühungen um den Frieden durch das, was hier als Urphänomen des Friedensstrebens bezeichnet wurde, indem das, was Angelegenheit der Kultur, des reinen Denkens sein sollte zu einer Angelegenheit unserer Natur, unseres Instinkt- und Gefühlslebens etc. gemacht wird, wenn durch das in den Forderungen der Friedensparteien und Vereinigungen nicht ein solches erreicht werden kann, was im Grunde erstrebt wird, und heute die Welt gefährlicher in Waffen starrt als je, und man gefährlicher vom Wahrheitssuchen sich entfernte als im Allgemeinen vorstellbar ist, sich ihm verschliessen muss vor lauter lautem Rufen, so ist in solchen, diesen Bestrebungen entspringenden berühmten Schriften „Die Waffen nieder", „Im Westen nichts Neues", oder „Nie wieder Krieg" etc. das so sehr Vorzügliche daran, dass in ihnen jeweils von den Grausamkeiten und Wahnsinnigkeiten eines Krieges auf sehr ehrliche Weise gesprochen wird. Denn dadurch, dass wir immer wieder auf den unendlichen, so unfassbaren Wahnsinn aufmerksam gemacht werden und ihn durch die so deutlichen Schilderungen fast mit persönlichen seelischen Schmerzen selbst erleben könnten, dadurch können wir zu Fragenden werden: „Ja, was ist denn da eigentlich los?" Wir werden es aber nicht unbedingt, denn meistens werden wir zu Empörenden, leidenschaftlich Verneinenden, Hassenden, und daraus eventuell auch zu Handelnden. Es ist aber vielleicht mit jeder Handlung aus einer Verneinung heraus nichts getan, wie meistens jede solche Tat nicht positiv werden kann, die aus dem Wünschen und Empören geschieht, weil sich aus diesen eine richtige Fragestellung als Voraussetzung zu rechtem Handeln kaum je bilden kann.

Da dieses in uns langbesprochene Element uns ewig hindern würde, dass unser Friedensstreben wahr (fruchtbar) werde, darum handelt es sich hier nun nicht um das, vorschnell in überredenden Worten die Ursachen von Kriegen aufzustellen; sie nur zu kennen, würde uns nichts fruchten.

Es geht um das hier, unser eigenes Wesen und die im Keim vorhandenen, doch nicht erwachsenen Kräfte in ihm kennenzulernen und mit dem Denken übend zu umfassen. Das Denken tut ja etwas in der Menschenseele. Es bildet sich in ihr ein neues Lebensgefühl. Mit ihm beschreitet man die neuen Wege, die, sich verbreiternd, zusehends mehr von selbst das Licht gewähren. Von selbst kommt man nur nicht auf neue Wege.

Nun beschreiten wir aber schon diese Wege, auf welchen sich unser Empfinden ändert; wir sind daran, die Elemente unseres Wesens zu erkennen und zu bedenken. Als Folge dieser Methodik im Denken soll uns nun von selbst Antwort auf die uns bedrängenden Fragen zuteilwerden. Und so befolgen wir also selber weiter im Denken diese Methodik (ohne Zielwünsche und treibendes Verlangen), und werden hin und wieder bei Erwägungen über das methodische Denken selbst kurz verweilen.

Was ist denn eigentlich Frieden? Wir können ihn nicht machen! Weshalb nicht? Friede ist: eine Folgeerscheinung, ist eine Erscheinung bloss.

Eine Erscheinung machen wollen, ohne alle Ursachen zu bereiten, aus denen nur sich die Erscheinung bildet, ja, das kann man schon wollen und wünschen, millionenfach und herzzerreissend, doch eine Möglichkeit dafür ist nicht vorhanden.

So, wie ein Regenbogenspiel sich zeigt, wenn Sonnenlicht ein Dunkles hell durchstrahlt (nach dem Gesetz, wonach sich Farben zeugen, wie wir am Anfang schon gesehen haben); so, wie die Farberscheinungen sich nur dadurch bilden, dass ein Licht da ist und sich im Dunklen, Trübenden, im Hindernden betätigt, als „Taten und Leiden des Lichts" so betätigt, wie es dem Naturgesetz als Naturphänomen gemäss ist: Also die Hindernisse nicht abschafft und nicht abschaffen will, sondern sie durchdringt, durchleuchtet, so, genau so ist es auch hier:

Das in uns befindliche Licht, die Kraft des Herzens (oh, das ist keine Phrase, obwohl dieser Ausdruck nur gar zu leichtfertig verwendet wird) – die Kraft des Herzens hat sich wirklich mit den Hindernissen zu betätigen, so zu betätigen, wie es dem Gesetz der Menschbestimmung als Geist-Phänomen gemäss ist: So also, dass sie das Trübende, die Hindernisse nicht wegwünscht, wegsehnt oder übersehen will, sondern sie mit seiner reinen Kraft durchleuchtet. Die Hindernisse unserer Herzenskräfte sind ja die schnellen persönlichen Wünsche, die aus der Natur heraus drängen und die wir im Gefühl belassen, statt dass wir sie mit dem weissen Licht der selbstgebildeten Bewusstseinskraft willentlich durchdringen.

Noch einmal so: Es können sich keine Farberscheinungen zeigen ohne die sie erzeugenden Ursachen. Nur wenn das Licht sich mit den physisch-irdischen, durchleuchtbaren Widerständen betätigt, kommen jene Farbenwunder zur Erscheinung, die, wenn wir uns empfindsam werdend ihnen öffnen, uns so erfreuen und beglücken können, wie wir im 1. Teil bei Beschreibung und Aufforderung zu den Farbexperimenten zu zeigen versuchten.

Dort sehen und erleben wir die Farbe nicht als Idee oder Illusion, sondern als reale und in unserer Seele wirkende Tatsache.

Wenn wir uns einen Erdkörper vorstellen, auf dem weder Luft noch Wasserdünste lagern, so kann das Licht dort keine Farbe zur Erscheinung bringen, weil es in ihnen keine Tat tun kann. Es wird dort weder pflanzliches noch tierisches noch menschlich-physisches Leben entstehen können, weil ohne Farbenleben gar kein Leben ist.

Und so ist es auch hier. Es kann ohne die Betätigung des Geisteslichtes, des Lichts vom reinen Denken, keine solche Lebenserscheinung zustande kommen, als welche wir den Frieden bezeichnet haben. Ja, viel physisch-menschliches Leben muss, ohne jenes Licht, in ganz besonderen Katastrophen zu Grunde gehen, weil ohne wirkliches Geistesleben, ohne ein von Lust und Unlust und bequemem Vorurteil befreites Denken kein wirklich sicheres, physisch-menschliches Leben ist.

Die Kraft des Herzens zu tätigen, das heisst, ein von der Lust und der Unlust und den bequemen Vorurteilen befreites Denken pflegen und sich und all sein Tun damit durchweben.

Es ist mir bewusst, dass man es mir übel auslegen könnte, dass ich so etwas hart gegen die Friedensbewegung spreche, aber ist denn darauf Rücksicht zu nehmen, ob in diesem Fall etwas hart ist? Man weiss doch, dass das Leben abhängig ist von Idealen, Idealisten, besonders aber von Ideen, und es wäre diesen Bewegungen nichts mehr zu gönnen als das, dass sie Erfolg hätten. Dass aber diese Erscheinung – Frieden – sich zeige, dafür muss man nicht mit dem Ende anfangen, nicht mit dem Wunschziel, sondern mit dem Weganfang, von dem ich noch einiges zeigen will. Und dann gelangt man zum Beispiel zur Betätigung in einer neuen Pädagogik, wie es in Staatsschulen nicht möglich ist, nachdem man Erkenntnis der Seele des jungen Menschen erlangt hat. Doch dafür muss man etwas im Erdreich stehen, und sehen (ich meine nicht Fern-Sehen), man muss tragen, muss ertragen und aufgerichtet sein und die Verantwortung, ein Mensch zu sein, lieben, verehren.

XII.

Manchmal glaubte ich schon, diese Abhandlung sei nicht schwierig zu lesen, weil ja reichlich Wiederholungen von dem Grundgedanken vorkommen. Und doch könnte ich mich irren. Denn es sind der Wiederholungen weder zu viel, noch sind sie klar genug. Wenn mir selbst zwar das Bild der roten Farbe mit dem Weissen Kreuz darin ausdrucksstark, wenn auch unerschöpft, wechselnd und lebendig ist, so hoffe ich doch, mich bis zum Abschluss dieser Schrift für die Freunde etwas deutlicher, als es durch ein Stammeln möglich ist, verständlich machen zu können.

Wiederholungen sind nötig. Es sind Übungen aus der Sprache dieses Zeichens. Seine Farbe, das Rot, soll uns ja immer erinnern, dass sie die Farbe des aufgehaltenen Lichtes (wie beim Sonnenaufgang) oder, für uns, die Farbe des aufgehaltenen Bewusstseins ist. Sie ist, was das Physische betrifft, die Farbe des Blutes, des Tieres, des Tieres auch in uns, und, was das seelisch Geistige betrifft, die Farbe des Zornes, des Jähzornes, des Brandes, der Naturtriebhaftigkeit, dessen, was als Leben von selbst sprüht und empfindet. Sie ist auch Farbe der Schwere, der Trägheit, eben des Nichtmenschlichen. Sie wird erst zum Menschlichen, wenn das Bewusstsein obsiegt, wenn, was könnte denn Besseres in ihr gezeichnet sein, das Weisse Kreuz in ihr sich durchsetzt. Mit dessen Hilfe kommt unser Wille zu den gepflegten Empfindungen.

Wozu ist man denn Mensch?

Wenn ich mich auch mit dem Friedensproblem länger befasst habe, so will ich über die Kriegsfrage nur von einem Gesichtspunkt sprechen: vom Urphänomen des Kriegsgeschehens. Wir sehen, wie Kriege aus der Politik, aus dem Staatsleben resultieren, also nur aus einem Teil der Menschengemeinschaft, und wir müssen wissen, dass man mit Macht und Recht auch in anderen Gebieten der Kultur sehr respektabel tätig sein muss, damit sich etwas völlig Neues ergibt, was heute möglich ist.

Man kann wohl eine falsche Doktrin, eine die Wahrheit nicht vertretende Lehre, oder einen x-beliebigen -Ismus als Ursache von Kriegsgeschehen ansehen, oder aber die Nichtanerkennung der Gesetzlichkeiten der „Dreigliederung des sozialen Organismus", von denen doch früher schon genug ausgeführt ist. Aber damit kommt man nicht weiter. Man muss schon ein Urphänomen aufzufinden suchen, denn von einem solchen aus sind nur die einzelnen Phänomene zu verstehen.

Die Nichtbeachtung des Dreigliederungsgedankens ist nur eine Folgeerscheinung – man wagt fast nicht auszusprechen, von was und wird es kaum glaubwürdig sagen können, eine Folgeerscheinung, heute, der Hochschulen, der Universitäten, die sich an ihren alten Vorrechten aufstemmen und nicht mehr dem entsprechen, was ihr Name besagte: „Universitas litterarum" (Gesamtheit der Wissenschaften) oder „Universitas litterae artes-que", wobei unter ars oder artes auch die Erziehungskunst inbegriffen sein muss – Menschenbildung und Selbsterziehung aus Wahrheitsforschung. Denn hier, in den höchsten Lehranstalten, wo vorwiegend vom Wesen des Menschen unterrichtet werden sollte, herrscht jenes Naturelement des Menschen, das auf Bequemlichkeit, auf einer Herzensträgheit, auf Veranlagung und natürlicher Begabung beruht. Man beschäftigt sich weitaus mehr mit der Vervollkommnung der Technik als mit der des Menschen. Natürlich, die Technik, das Mechanische oder Rechnerische lockt, es zwingt auch. Man muss doch konkurrenzfähig, man muss auf der Höhe sein. Das wäre in Ordnung. Man hat den wirtschaftlichen Instinkt. Man übt und schafft im Technischen so, bis es klappt. In der Wissenschaft vom Wesen des Menschen schafft man hauptsächlich nur in Theorie und Forderungen. Man geht nicht auf Übungen aus, als Weg, als Weg zur Höhe. Kommt man als Mensch nicht zur Höhe, so kommt man mit der Technik zur Tiefe, genau gleich gesetzmässig, schleichend oder explosiv, wie man bei vorwiegend wirtschaftlichem Wohlseinszustand eine Stufe darstellt, auf der man als Mensch nicht bestehen bleiben kann, was ich bereits zu beweisen versuchte.

Dass ich die Hochschulen als Ursache, heute, von Kriegsgeschehen anspreche, welche nicht den Gedanken der Dreigliederung aufnehmen und abgeben, sondern der Politik und der Diplomatie die Vorrechte lassen, sich des Wirtschaftslebens und Geisteslebens zu bemächtigen, dass ich sie so anspreche, könnte als übertrieben angesehen werden. Darum will ich es in anderen Worten sagen.

Die höchsten Schulen, die eigentlich aus dem Genuss ihrer Lorbeeren leben, haben diesen Genuss unerkannt zu einer Genusssucht, zu einem Trieb und Wohlbehagen werden lassen. Sie leben darum glücklich in ihrem, vorherrschend, roten Element.

Diese Art Harmlosigkeit des roten Elements im wissenschaftlichen oder geistigen Sektor ist, weil verborgen, schwerwiegender als dort, wo unter einer roten

Revolutionsfahne mit einem schwarzen, abgebogenen Kreuz mit Winkeln oder Haken, die vorher nie vorstellbar gewesenen Schleusen der Dämonien sich offen auswirkten; oder schwerwiegender und mächtiger als dort, wo in der roten Revolutionsfahne offen ein Schlag- und Schneide-Instrument abgebildet ist mit all seinen Folgen.

Nun hat sich uns fast von selbst das „Urphänomen des Kriegsgeschehens" ausgesprochen. Es ist das rote Element, das, wie es in der Anlage in jedem Menschen vorhanden ist, hier aber nicht bemeistert, sondern in irgendeinem Sinn national politisch gross gezogen, geschürt, aufgepeitscht wird, wobei, wie in den oben erwähnten zwei Beispielen, diese Aufpeitschung erst noch mit entsprechend besonderem Zeichen ins rote Revolutionsbanner geschrieben wurde.

Im Gegensatz und Vergleich zu jenen beiden, nur einmal zu erwähnenden Abzeichen im Rot, spricht das Bild vom Weissen Kreuz im roten Feld unserer Seele besonders klar, und dass dieses uns im Kontrast und Vergleich zu jenen eine Hilfe werde, dafür ist heute in der Welt der richtige Zeitpunkt und Notpunkt da.

Wenn nun in das rote Banner, das Banner unserer physischen (oder normalerweise tieferen) Natur das Weisse Kreuz geschrieben ist und wir diesem ganzen Ausdruck aus Selbstständigkeit nachleben, in ihm weiter nachdenken, dann können wir über unser Wohlseinwollen, über die Denktriebe und Bequemlichkeiten eher hinaus kommen.

Alle menschliche Kultur ist ja entstanden im Sinne einer Aufrichtung und Erhellung über die Natur- oder Elementargewalt im Menschen, wie wenn das Weisse Kreuz im roten Feld Wegweiser gewesen wäre; und in dieser Aufrichtung und Erhellung hatte die Phantasie oder die göttliche Intuition zu allen Zeiten in alle Höhen der Schönheit, der Künste und des Wissens und der Liebe gefunden. Goethe, Beethoven, Hamerling, Tschaikowski – womit nur an einige der vielen Geister aus unserer Zeit angetippt sei.

Ergibt man sich diesem Zeichen oder Vorbild, so verliert die Bequemlichkeit ihren Sinn und wir können, um indirekt zu einem Kriegserlebnis zu kommen, folgende Übung machen:

Wir schauen uns ein Kriegsdenkmal an, beispielsweise ein solches, wie man es in München erleben kann. Dort ist in einer schönen Grünanlage inmitten der Stadt ein Gedächtnishof für die Gefallenen des ersten Europakrieges ausgestaltet. In diesem Hof überdeckt eine kleine, auf ihren vier Seiten offene Kapelle ein Denkmal. Auf einem Sarkophag ähnlichen Steinsockel ruht, überlebensgross, das steinerne Abbild eines jungen, toten Kriegers.

In Helm und Ausrüstung angetan, liegt er friedvoll da. Sein Gesichtsausdruck, ein Typus aus seinem Volk, von edler, neutraler Ruhe, ohne Leidenschaft, ist wie ein Symbol der Unschuld und Treue, in welchen, die Krieger in ein Kriegsgeschehnis gezogen werden respektive ihrer militärischen Pflicht nachkommen. Der Ausdruck kann nicht gut beschrieben werden, denn er ist ein Kunstwerk (von Bernhard Bleeker), das nur erlebt werden kann, das zu sehen sich wirklich lohnt.

Man wird zu diesem Krieger eine tiefe Hinneigung fühlen. Ohne alle Sentimentalität; man wird ergriffen werden, wenn man sich diesem Ausdruck hingeben kann. Man wird zu ihm eine eigenartige Liebe gewinnen und ihn als einen Bruder empfinden.

Der einfache, quadratische Hof selbst, zu dem man aus der Ebene der Gartenanlage über etwa 10 Stufen hinunter gelangt, besteht aus schlichten, ungefähr zwei Meter hohen Marmorwänden, auf denen die vollen Namen aller in vier Kriegsjahren an den Fronten gefallenen Söhne dieser Stadt zu lesen sind. Untereinander und in Kolonnen nebeneinander sind vierzehntausend Namen eingemeisselt. Der Besucher macht sich nun diese Zahl so recht bewusst und er stellt sich vor, dass jeder von diesen Kriegern sein Leben hingab, sein Ich – so wie man selbst ein eigenes Ich hat – für Ziele verlor, die nichts mit einer menschlichen Erholung zu tun hatten, dass er um die Früchte der Anstrengungen seines Lebens kam, oder besser um den eigentlichen Sinn seines Lebens kam – umkam – in einer Aufgabe, die von aussen gegeben war, die aber, wie man nachträglich allgemein einsah, nicht so sehr rein oder nicht so sehr sinnvoll war, wie man sie zu ihrer Zeit in das Land hinausschrie.

Nun, wenn man eines Menschen Heldentod für das Vaterland offen rühmt, nicht nur zur Würdigung seines Loses, wenn man ehrlich eines Menschen Tod für seine Nation preist und ehrenvollem Gedenken empfiehlt, dann ist es doch sicherlich gerecht und einem nicht zu viel zugemutet, wenn man sagt: Das Leben respektive der Tod eines Menschen sei doch sicher so viel wert wie die Mühe, einen kurzen Moment über ihn nachzudenken.

Wenn man bei einem gefallenen Soldaten nur eine halbe Minute nachdenkt, was er verloren hat, indem man sich in ihn zu versetzen sucht, und dann weiter nachdenkt, was seine Angehörigen, seine Frau, seine Mutter verloren und an Zweifeln und Hoffnungen, Schmerzen und Trauer erlitten haben; wenn man das Opfer eines Menschenlebens gleich viel werthält wie dem Opfer einer halben Minute, und dieses Nachdenken gerechterweise immer wieder neu übt, dann wird man ein tragendes, ein wahres Gefühl erhalten, um was es denn da in einem Kriegsgeschehen wirklich geht.

Das Nachdenken bewirkt etwas im Nachdenkenden. Obwohl man nur die Auffassung gewohnt ist: Der Mensch macht etwas mit dem Denken (mit Hilfe des Denkens), ist doch gerade die Umkehrung davon wichtig: Das Denken macht etwas mit dem Menschen. Man wird durch es verwandelt. Dies braucht man nicht zu glauben. Wenn man aber, in der Praxis, sein Denken in solcher Weise benützt, dann wird man es.

Man ist auch die Auffassung gewohnt: Der Mensch macht etwas mit seinem Fühlen (bewirkt etwas mit dem Gefühl). Da ist es schon offensichtlich, dass es richtiger ist, diesen Satz umzukehren: Das Gefühl macht etwas mit dem Menschen (bewirkt etwas im Menschen). Denn wir suchen meist das auf im Leben, was dem uns von Natur gegebenen Empfinden in uns entspricht. Wir sind das, was das Gefühl aus uns macht. Erfassen wir mit dem Denken ausserhalb von uns stehende Angelegenheiten, so werden uns aus diesen neue Gefühle erstehen, andere als die, die sich aus unserer Natur, aus unserem Temperament usw. bilden. Wir sind dann nicht mehr von diesen nur abhängig. Wir werden andere. Wir werden unabhängiger von Blut und Erbanlage.

Man kann nun sagen: Die Lust zu einem selbstständigen (von seiner Gefühlsanlage unabhängigen) Denken sei nicht jedem gegeben. Nicht jeder sei besonders zu einem Denken veranlagt.

Gewiss nicht. Doch jeder Mensch ist von Natur aus, mehr oder weniger, mit Trägheit und Bequemlichkeit begabt, aber auch zu der Fähigkeit, sich um ein Denken bemühen zu können. Wie weit er es mit dieser Bemühung bringt, darf keine Frage sein, denn der Zeitpunkt seines Lebens, an dem er mit ihr einsetzt, hängt davon ab, wann und wie er durch äussere Anlässe entstehende Gefühle erzeugen oder vertiefen kann, so dass diese den Willen aktivieren, sein Denken zu betätigen.

Auf das kommt es an. Durch das Betrachten und Überdenken von ausserhalb von einem selbst stehenden und einen überragenden, grossen Lebenstatsachen solche Gefühle zur Entstehung zu bringen, die Willen und Lust in einem erregen, ein Denken mehr und mehr zu betätigen.

Wer an einem so realen Zeugnis wie an einem solchen Kriegsdenkmal der Geschehnisse eines Krieges bewusst wird, der kann diesen Geschehnissen gegenüber nicht mehr gleichgültig bleiben. Er kann nicht mehr zurückfallen in apathische Ergebenheit oder in den Glauben, es könne in so einem einseitig nur von einer Gliederung des sozialen Organismus aus ablaufenden Kriegsvorgang nichts gemacht werden, nichts von anderer Seite aus geschehen.

Denn in ihm selbst ist ja schon etwas geschehen. All das gibt ihm ein freudiges Vertrauen, sich auf dem rechten Weg zu befinden. All dies bestärkt ihn, sein Bewusstsein übend zu vertiefen. Er nimmt immer wieder in neue, frische Vorstellung und Empfindung das Los und die Gefühle von verstümmelten, pflichttreuen, tapferen, unschuldigen Soldaten. An eine Million (ein Teil nur von dem letzten Krieg) an eine Million Zerschmetterte und Tote zu denken, damit ist nur wenig getan; doch nur 3, nur 5 oder 50 lebhaft nachempfinden, das ist mehr. Er versetzt sich in die Gefühle von Frauen und Müttern, die mit zerrissenem Herzen und zerrüttetem Verstand hilflos und blind nur hin zum Glauben fliehen, Gott alles überlassen und von Gott doch nichts mehr in den eigenen Kräften spüren, kein Recht für sich und keinen Sinn ersehen. Das geht ihm noch viel tiefer. Ihre tägliche Tapferkeit, ihre kontinuierliche Treue in täglichen Mühen, ihr unsägliches Vertrauen, Liebe, Herzensgüte, das sie alles für Illusionen hingeben, und durch die Kriegsmittel der Lügen und der Massensuggestionen um ihres Lebens Inhalt gebracht werden.

Es ergreift ihn vielleicht am meisten, wenn er an das geistige Massenelend denkt, an all die Stumpfheit oder Dummheit in der Menge und den Völkern, in der man sich in kollektiven Sicherheiten wiegt und dabei der eigenen Verantwortung über sein Leben, somit des fruchtbarsten Lebensbodens verlustig geht.

Er weiss: Nichts ist so dringlich, als die eigene Empfindungsfähigkeit zu fördern, indem man willentlich in die Dinge, aus Einsicht zu den selbstgewählten Dingen geht, statt dass man von den Dingen selbst gezogen wird. Ein Allernötigstes der Menschen ist, die eigene Erlebnisfähigkeit zu stärken.

Der Gegenpol vom Empfinden ist nicht das Nichtempfinden, das gibt es nicht, man ist immer von irgendwelchen Gefühlen besetzt, sei es auch nur das Wohlgefühl aus seinem Körper, oder ein natürliches Gefühl der Trägheit, des wachen Träumens. Man muss so sagen: Der

Gegenpol von natürlichem Empfinden ist das „kultivierte" Empfinden, das heisst, die gepflegten Empfindungen, solche, die man sucht, in denen man sich dessen, was man empfindet, bewusst wird.

Im Anschluss des Gedenkens der Toten angesichts eines solchen Gefallenen-Denkmals und mit dem Gespenst der Atomerrungenschaft vor dem geistigen Auge liegt es nahe, sich vorzustellen (ganz konkret in der Gegenwart), dass eigene nächste Angehörige plötzlich sterben müssten ...

So denke ich jetzt an meinen Ältesten, immer gütig, hilfsbereit, mit innigster Anteilnahme alle beschenkend, auch mit Arbeiten oder Zeichen seiner Hand, hilfreich, oft bis Krankheit seinen eigenen Kräfteschwund stoppt, und dann wieder der Helfende, überall; ich denke an meine 16-jährige, in so vielen Künsten so sehr begabte und so liebliche Tochter, an den 13-jährigen Buben, oft rappelig, aber mit Augen, die oft eine Freude, ein unaussprechliches Glück ausstrahlen können, mit nichts vergleichbar und unbeschreiblich. Und ich denke an die Kleinste, die Erstklässlerin, die mit einer Selbstverständlichkeit alte Lieder flötet, mit den kleinen, sicheren Fingern nie daneben greift und die so ganz herrliche Farbbilder malt, voll Geschmack und Empfindung, Farbkraft und Tiefe, wie wenn sie es nicht zum siebten Jahre geübt, sondern aus irgendwelchen wunderbaren Zeiten mitgebracht hätte – dass sie sterben sollten, und, wie viele Eltern wären nicht in der gleichen Lage ...

Aber was ist das schon! Dass Michelangelos Werk untergehen sollte, seine Fresken, seine Jünglinge und Propheten, seine Plastiken, der Christuskopf von ihm, dass Beethoven der Welt verloren ginge – das wäre

Weltelend. Und die anderen wunderbaren Musiker mit ihren Weltharmonien – wenn nur die Besitzer der Macht an sie denken würden – dann: Botticelli, Leonardo, St. Anna, ich denke an die herrlichen Schriftsteller, an die Grossen, und an solche, die sich in Schwermut das Leben nahmen. Diese Art, sich das Leben zu nehmen (aus einer Art Egoismus), dürfte es heute kaum mehr geben. Jeder hat genug zu tun, die Worte zu formen, die uns die Atombombe in unsere Seele spiegelt: Worte für Schule und Haus, für das Haus eines jeden, damit andere Liebeskräfte andere Schulen durchdringen – für ein anderes Menschengeschlecht.

Heute wird es kaum mehr solche Egoismen geben.

„Oh, diese laue Sprache", könnte man einwenden. Nein, sie ist nur bescheiden. Würde man offener sprechen, man wäre gleich heiser. Man tut aber doch vielleicht besser, andere Worte zu verwenden, beispielsweise wie folgt: Heute wird es weniger Selbstsucht und Zwietracht geben; der allseits drohende Orkan, die Atombombe, wird uns lehren. Oder: Heute wird Selbstsucht und Zwietracht mehr und mehr verschwinden angesichts der Atombombe.

Das, was wir lernen vom Weissen Kreuz im roten Feld, wird uns dabei helfen.

Zwei Schicksale:

Wie das Weisse Kreuz im roten Feld menschliche Wege gewiesen hat, wie es zu einem Denken über die eigene Natur aufruft, diese durch Erkenntnis besiegend, oder wie es menschliche Wege weisen kann, dafür zwei Beispiele, das eine einen Mann, das andere eine Frau betreffend.

Ein Mann mittleren Alters, empfindsame Seele. Er hat zwei oder drei Kinder. Seinem Gefühlsleben wird nicht entgegengebracht, was er meint, nötig zu haben. Er fühlt sich oft beleidigt, zurückgesetzt, er wünscht und ist unbefriedigt, er ist unglücklich. Er grübelt und findet keinen Ausweg, er denkt, hofft und verwirft die Gedanken wieder. Seine freie, nicht von Apparaten gezwungene Arbeitsweise unterbricht oft den Denkablauf, mehr aber wird sie von diesen unterbrochen und gestört. Er ist verzweifelt und kann sich nicht wehren. Selten ein Lichtschimmer. Durch das Schicksal kommt er zu Naturbetrachtungen. Er hört Vorträge über den Menschen, über das Tier. Er macht selbst Beobachtungen. Er beschäftigt sich beim Suchen nach Lebensinhalt mit der Farbenlehre Goethes, wird völlig überrascht von dem Wunder der Reinheit einzelner Farben, wie sie durch das Prisma entstehen können. Er wird noch empfindlicher, auch für seine eigenen Schmerzen. Er hört von dem Kapitel „Die sinnlich-sittliche Wirkung der Farben". Er stösst auf das Zeichen vom Weissen Kreuz im roten Feld. Es erinnern ihn diese Farben an das Wohlseinwollen des Tieres, in welches nicht das Licht des Denkens hinein strahlt, nicht das Bewusstsein des Tragens, das Erhellen des Aufgerichtetseins, des Sichherausstellens aus einem elementaren Urgrund. Er sieht in dem Wohlseinwollen das Nichtmenschliche, er schämt sich dessen nicht, aber das Erkennen desselben wird für ihn ein Licht des Bewusstseins, das ihn darüber hinaushebt. Es ist plötzlich für ihn das Weisse Kreuz wie vor der Seele stehend. Es beherrscht ihn. Das Weisse Kreuz im roten Feld schwebt vor ihm. Es ist da. Verschwindet es wieder, so taucht es wieder auf, es erinnert ihn an das, was Mensch und

nicht Mensch ist, sein Wünschen oder sein Unglücklich-sein taucht unter. Er arbeitet freier, ja, wohler, aber er holt ja dieses Zeichen immer wieder willentlich hervor, aus dem Unbewussten. Manchmal erscheint es auch von selbst, natürlich aus der übenden Gewohnheit, aber wie oft stellt er es mit seinem Willen aus dem Vergessen her-aus! Er empfindet das als natürlich, dass er sich damit anstrengen muss, denn gerade das, was von selber geht, das spürt er ja als das Nichtmenschliche. Er freut sich, Mensch zu sein. Das Weisse Kreuz wirkt für ihn wie ein Balken, wie wenn er sich daran hielte. Er weiss es nicht, und wenn es wie von selber wirkte, ist es darum nicht weniger, weil er es ja selber hervor holt. Seine Leiden werden nicht geringer, seine Kraft aber grösser. Er freut sich oder stärkt sich in dem Gefühl der Menschenwür-de zu leben. Er sieht solche, denen er glaubt anzusehen, dass ihnen nicht solches Bewusstsein eigen ist. Seine Mitleidsfähigkeit wächst und er möchte mehr anderen helfen. Dadurch wird sein Leben reicher. Er wird offe-ner den Fragen des Daseins gegenüber. Er sieht den Sinn darin, Mensch zu sein. Und wenn es ihn wieder einmal packt, seine Melancholie, wenn er das Zeichen vergessen hat, dann macht er zu seiner eigenen Mahnung Gedichte.
Eines von ihm konnte ich festhalten:

«Was ist damit getan, wenn wir uns sorgen,
wenn wir gehalten sind und wohlgeborgen,
die wir gespalten sind, ist das das Los?!
Man sieht an allem, wie wir wenig wissen,
wie wir den Sinn, den Kern, den Geist vermissen
und selten haben eine Ahnung bloss.
Wir wehren uns und wollen wenig tragen,

versperren uns und grollen oft und klagen
und lassen uns von oben wenig sagen,
obwohl nach oben wir gerichtet sind,
(gerichtet sind von dort als schön und blind).
Geduld mein Freund, man hat schon viel gehört,
Geduld in dem, was immer wieder stört,
die Zeit des Wartens ist des Wartens wert.»

Dieser Mann kommt nur langsam vorwärts, er tut zu wenig in bewussten Übungen, und doch, möchte ich sagen, dass er weiter lebt, dass er als Mensch wächst zu Ruhe, Geduld, grösserer Liebesfähigkeit; dass er sich langsam höher entwickelt, das hat er nach meiner unumstösslichen Überzeugung den gedanklichen und tätigen sich beschäftigen mit dem Weissen Kreuz im roten Feld zu verdanken.

Nun aus dem Schicksal einer Frau:

Sie weilt in den Ferien, allein, zur Erholung von einer strengen Berufsarbeit, die sie mit ihrem Mann teilt. Sie ist ernst, traurig, sie hat etwas Erschrockenes oder Müdes im Gesicht. Sie steht vor der Rückreise, mit Schmerzen. Sie hat einen Gesichtsausdruck und hat Wortausdrücke, wie sie etwa ähnlich eine Selbstmordkandidatin haben könnte. Dabei hat sie aber nie eine direkte Klage, wie sie auch nie von sich selbst spricht.

Ihr Mann hat etwa Anfälle (Auswüchse) von Jähzorn. Was soll sie dagegen machen? Wohl behauptet sie sich, kann aber nichts dagegen unternehmen. Was ist dagegen zu tun? „Dem Jähzorn gegenüber", so hörte ich sagen, „muss man einen Punkt machen." Wie ist diese Ansicht oder dieser Rat zu vereinbaren mit dem Weissen

Kreuz im roten Feld? Nehmen wir den in Bezug zu ihm oft angeführten Ausdruck: tragen, ertragen und im Bewusstsein aufgerichtet sein. Das schaut aber hier recht unangebracht oder theoretisch aus. Am Leben selbst muss sich aber der richtige Ausdruck formen. Das Weisse Kreuz im roten Feld zeigt schon in der einen Richtung das Tragen, Ertragen, aber in dem Sinn, der besagt, „auf sich nehmen, nicht sich dagegen wehren". In der anderen Richtung zeigt es aber das Aufgerichtetsein als Mensch, das Emporgerichtetsein, das zu sich selber stehen als der Mensch, der man ist. Verstände man in der erstgenannten Richtung statt „auf sich nehmen" oder „offen sein dem Leben gegenüber" nur das Tragen und Ertragen, so entspräche das einem natürlichen Trägheitsmoment. Doch im Bewusstsein aufgerichtet sein, zu sich selber stehen, aus dem quasi von selbst gewordenen Schicksal sich frei und entschlossen herausheben, das ist etwas, was sich nicht im Ablauf der Natur gibt, was in diesem Fall nicht als Davonlaufen bezeichnet werden kann, etwa aus Schmerz oder aus Leidenschaft, sondern was aus der Aufrichtung über die Natur hinaus eine Forderung des Geistes, des auf sich selbst gestellten und zu sich selbst gekommenen Menschen ist. Als der Mensch, der man ist und sein soll, nicht auf die Natur gestellt, auf seine Natur oder die eines anderen, die man früher in der ersten Liebesbindung ja gar nicht kannte oder die sich zu einer solchen, wie sie sich jetzt zeigt, entwickelt hat.

Diesen Ausdruck „der auf sich selbst gestellte Mensch als der, der man ist", welcher von Curt Englert aus der Schweizergeschichte heraus entwickelt wurde, konnte ich nie vergessen, denn er ist fühlbar mit so grosser

Gewissenhaftigkeit und Verantwortungsliebe in seinem umfangreichen Werk immer wieder herausgehoben; doch verstehen konnte ich ihn erst so richtig am Beispiel des Lebens, und nachdem ich mich längere Zeit mit der Sprache des Weissen Kreuzes im roten Feld befasste.

Curt Englert betonte weniger den „über die Natur hinausgestellte Mensch", sondern mehr der „über die Geburt hinausgestellte", über das Blut hinaus, über die Vererbung, die Volksgebundenheit, die geschichtliche Gebundenheit, der über die Traditionsgebundenheit hinaus auf sich selbst gestellte Mensch. Ein zufällig aufgefundener Ausdruck von ihm: „Wer die Wahrheit sucht, findet sein Ich, jenes Ich, welches sich vereint mit dem Menschheits-Ich." Wer auf sich selbst sich stellt, aus der Gebundenheit von seinem Temperament heraus, von der Tradition heraus, von seinem nationalen einseitigen Volkscharakter heraus, von Leidenschaft, Trieb und seiner nur privaten Empfindlichkeit heraus, nicht in Abhängigkeit von der Natur, wie es von selber geht, von der Bequemlichkeit, die von selbst sich einstellt, nicht in Abhängigkeit von der Süsse der technischen Wunder, bei Sentimentalität und Sensation, die aus der Natur des Trieblebens (des Tieres) sich formt, der kommt zu Klarheit und Sicherheit und diese weist den Weg, die Wahrheit, den reinen Himmel.

Nun, ich sprach von einer Frau und es ist, wie wenn ich von dem ersten Beispiel, dem Mann noch spräche. Wie viel Tausende solcher Männer gibt es, bei denen das Naturelement in ihr Wesen presst und es zudecken will oder kann, statt dass ihr Wesen – wie das Weisse Kreuz in das rote Element hinaus sich richtet, nicht es verdrängend, aber es beherrschend oder gar überstrahlend –

statt dass ihr Wesen in ihr Naturelement oder Temperament hinüber zu leuchten willentlich ausgebildet wird. Wie viel Tausende Frauen gibt es, leidend, ergeben, sich betäubend oder geniessend, sich opfernd in der Unbewusstheit oder der Unkenntnis der Willkür.

Bei jener Frau wird sich dann selber zeigen, wie sie die Kinder in ihre Gedanken oder Taten einbeziehen soll oder nicht (das eine, fast erwachsen, ein Wildfang zu Pferd, wird schon selbstständig durchs Leben reiten, das andere wird eher in der Wahrheit blühen, wenn das Vorbild, als der Mensch, der er ist, menschgemäss in der Wahrheit lebt). Nur Gutes für alle in ihrem Leben Beteiligten wird sich ergeben, wenn sie als der Mensch, der sie ist, als der zu sich selbst gekommene Mensch zu sich selber steht, als der Mensch, der sie sein kann, der sie, wenn sie Mensch ist, sein muss.

Und kein Mensch kann einem anderen, der sich zum Menschen macht, zu Recht entgegen gesinnt sein, da er, an jenem die sichtbar werdende Grösse oder Würde gewährend, selbst zum Menschen gemacht werden kann.

Nicht ich etwa will jenen Menschen helfen, oh nein, aber das Weisse Kreuz im roten Feld gehe in die Welt hinaus wie in ganz anderem Sinn das Rote Kreuz ging. Es spreche zu den Menschen.

Und ich kann mir nicht vorstellen, dass ein einziger wacher, mit Herz befähigter Mensch aus dem Land, aus welchem das Weisse Kreuz heraus geboren wurde, zu Recht dagegen sein kann, dass dieses Zeichen zur Hilfe für die Menschen hinaus strahle über alle Grenzen – heute – jetzt – im Zeitalter der Atombombe.

XIII.

Da das rote Kreuz die Umwendung ist vom Weissen Kreuz im roten Feld und da es auch auf dem Umschlag abgebildet wurde, ist es an der Zeit, etwas darüber zu sagen. Obwohl das Rote Kreuz eine sehr untergeordnete Rolle spielt in Hinblick auf das, was in die Zukunft hineinzuwachsen hat, dient es dem Verständnis des Werdenden, zu dem es eine Vorstufe bildet.

Manches, was hier vom Roten Kreuz ausgesagt ist, hat sich in seinen Jubiläumsjahr genügsam bekannt gemacht. Doch mehreres und anderes ist jetzt notwendig, auszusprechen.

Ich gehe hier nun aus von dem, was als drei Fähigkeiten im Menschheitsganzen vorhanden sind: die Fähigkeit zum Altruismus, die Fähigkeit zum Weltensinn und die Fähigkeit zur Freiheit (Rudolf Steiner „Soziale Gesundungsimpulse für die heutige Zivilisation" und „Die Notwendigkeit des Umdenkens zur Rettung der europäischen Zivilisation"). Die erste, die Fähigkeit zum Altruismus zeigt sich vorwiegend im fernen Osten. Man konnte aber dort trotzdem nicht sozialisieren, weil die zwei anderen Fähigkeiten fehlten Es kam dort immer wieder zu Hungersnöten. Die Fähigkeit zur Freiheit (besonders in der Wissenschaft) war und ist zum Teil nur in Europa vorhanden. Doch wächst sie sich zu Nützlichkeitsinteressen, zum Egoismus aus, kommt nicht zum Weltensinn noch zum Altruismus. Das zeigte sich beispielsweise darin, dass die Kriegsherde und Despotien von Europa aus der Welt Vorbild gaben. Die dritte, die Fähigkeit des Weltensinns, ist vor allem im Westen vorhanden, doch ohne ausgesprochen die anderen Fä-

higkeiten. Sie zeigt sich beispielsweise in einer Gefühls-
basis, wie sie sich in der rhythmischen Musikalität auswirkt, die ja ganz untermenschlich, ganz animalisch sein
kann. So gelangt man auch im amerikanischen Weltensinn zum Egoismus, und somit in gewisser Beziehung
zur Einschränkung oder Einengung des Geistes.

Aber alle diese drei Fähigkeiten sind in der Anlage im
Wesen der Frau zu finden, und darum ist als Folge die
Frau für die Erziehung begabt. Denn die Erziehung darf
sich nicht vorwiegend im Intellektuellen erstrecken, sie
muss in den Gemütskräften den Anfang nehmen. Wie
sagt doch Pestalozzi: „Der erste Unterricht des Kindes
sei nie die Sache des Kopfes, er sei ewig die Sache der
Sinne, er sei ewig die Sache des Herzens, die Sache der
Mutter." Nur Herzenskräfte können Herzenskräfte wek-
ken, oh, und wie sind die in der Frau vorhanden!

Wie kann ihr Sein nicht unser Sein verschönern, ihr
reines Auge nicht unseren Blick erhellen, ein edles Spiel
der Miene nicht unsere Strenge und die Düsterkeit ver-
scheuchen und unsere blinden Mühen und oft eigennüt-
zigen Sorgen ihrer Wichtigkeit berauben, den Mangel
unserer Kräfte unfühlbar machend, weil er kleiner wird!
Wie kann ein reiner Gedanke von ihr nicht auch unsere
Gedanken reinigen und befreien. Wie macht sie es uns
doch leicht, selbst gut zu sein; und selbstlos uns ihrer
Güte anzunähern. Wie strebt ihr Fühlen doch nicht stets
dahin, die Schwächen zu stützen, den Armen zu helfen,
die Bedürftigen zu finden, die Elenden zu suchen und zu
sammeln, um ihnen Nahrung und Kleidung zu schenken,
aber auch, um ihnen die Ahnung von dem Hauch Gottes zu erhalten, neu zu begründen oder zu verstärken.
Wie strebt die Güte, die im Weltall herrscht, doch dazu,

sich in ihr stets einen Hort, stets einen Herd zu wahren. Oder umgekehrt: Wie sucht doch in ihr von Natur aus ihre Güte im Tun nicht der des Alls sich anzugleichen. Es ist nicht das Geschlecht nur, das uns reizt, nein – ehrlich, ehrlich – die Reinheit und die Wahrheit ihrer Züge ist es, als Spiegelbild, ja, von des Himmels Quellen, als Abbild von der wahren Güte und des Opfersinns, und von der Liebe, die das Weltall webt, und von dem Licht, das allen Raum umflutet, das Sein im Menschensein zusammenhält. Und welch ein Schönheits-, welch ein Ordnungssinn, der, wenn er von der Liebe getragen ist, dann nie banal, nie Eigenzweck sein kann. Welche Ausdauer, Beharrlichkeit und Treue, die von Bewusstsein und guten Gedanken genährt, sich nie in einen Eigennutz verkehrt.

Welch eine Schönheit, so, in allem diesem.

Wenn je in einer Sprache der Wortschatz arm, an Grenzen stehend oder des Menschen Aussprechkraft beschränkt erscheint, dann ist es in solchem, was hier angetönt, beschämend kurz, nur angedeutet wurde. Wie eignet sich ihrem Empfinden nicht immerfort der Hang, sich zusammenzutun mit ihresgleichen zu Hilfeleistungen, wo es nötig ist. Wie viele gibt es nicht der Frauenhilfsvereine, wie zahlreich sind doch die darin sich Bemühenden. Wie gross sind schon die Unternehmungen und Organisationen solcher Art, von denen einzelne ja die ganze Erde umspannen.

Wir wissen alle, dass das „Rote Kreuz" im Grunde auf der Kraft des Frauentums beruht. In allen Erdteilen und Ländern arbeiten die Rot-Kreuz-Schwestern bei oft unerhörten Anforderungen und der Hingabe ihrer durch Menschenliebe gesteigerten Kräfte bis zu den äussersten Grenzen. Manch einem gab das Kranksein schon ein Glück, wenn er dann das echte, tiefe Mitgefühl von solchen Pflegerinnen erfahren durfte.

Ohne die ganz vorwiegende Mitarbeit der Frau könnte das Rote Kreuz gar nicht als eine so umfassende Einheit bestehen. Nicht nur wird es durch den Geist der Frau getragen, es wurde quasi auch durch ihn begründet, indem der erste Mensch, der im Sinne dieser Institution arbeitete, eine Frau war (Florence Nightingale, damals bekannt unter dem, ja, bezeichnenden Namen „Die Dame mit der Lampe"), die 1854 im Krimkrieg mit ihren Helferinnen Kriegslazarette einrichtete, acht Jahre bevor Henry Dunant nach Herausgabe seines Buches „Eine Erinnerung an die Schlacht von Solferino" mit Hilfe einiger grosser Mitarbeiter diese alle Länder umfassende Organisation zur Sorge für die Kriegsopfer ins Leben rief. Das internationale Rote Kreuz, ursprünglich von Henry Dunant als neutrale Macht zur Pflege der Kriegsverletzten instituiert, hat sich erweitert zu Hilfeleistungen auch in Friedenszeiten bei Unglücksfällen, Zerstörungen, Naturkatastrophen bis zur Krankenfürsorge allgemeiner Art.

Wir sahen, dass all die stetigen, das Leben erleichternden und fördernden Leistungen der Frau, die täglichen Aufopferungen und Beherrschungen in kleinem Kreis sowohl als in mächtigen Vereinigungen, dass alle diese unendlich vielen Hilfeleistungen, von denen wir abhängig sind und ohne die wir uns das Leben gar nicht ausdenken können, und die wir deshalb fast als selbstverständlich nehmen, viel zu wenig dankbar und ehrend ihrer eingedenk, dass diese aus der Natur ihres Wesens, aus dem innersten Wesen der Frauennatur entspriessen, als die zwei Fähigkeiten, die sozusagen mit ihrer physisch-seelischen Organisation und der durch diese bedingten sozialen Stellung zusammenhängen, aus den Fähigkeiten zum Altruismus und zur Weltverbundenheit (Weltensinn).

Es ist jetzt aber im Frauentum diese dritte Fähigkeit hinzugekommen, die Fähigkeit zur Freiheit im Bewusstsein, die früher nicht da war, die erst im Mittelalter in das Entwicklungsgeschehen der Menschheit eintrat, sich erst aber in jüngster Zeit, nach einer vollzogenen, „äusseren" Auswirkung in Naturwissenschaft und Technik in ihrer eigentlichen Wirksamkeit, in der Menschheit zeigen kann.

Nun können wir uns vorstellen, wenn zu diesen unermesslichen Qualitäten, die da sind, zu diesen zwei Fähigkeiten im Frauentum, die wir notdürftig zu beschreiben versuchten, diese dritte Fähigkeit, die Fähigkeit zur Freiheit im Bewusstsein hinzukommt, nun können wir uns vorstellen, was jetzt in Menschheitsgeschehen sich zeitigen darf. Wenn zu solchen Eigenschaften, die bisher ohne Auswirkung dieser dritten Fähigkeit sich schon in einem wunderbaren Ausmass zeigen, nun noch diese neue Fähigkeit dazukommt, mit der wir das, was aus der Natur unserer Seele, aus der Güte unserer Natur, sich vollzieht, mit Erkenntnissen durchdringen können. Denn wir haben jetzt die Freiheit, uns selbst zu betrachten.

Wir haben also jetzt die Möglichkeit, in die Elemente unserer eigenen Seele zu schauen und, über das hinaus, was wir tun aus der Sinnfälligkeit der Nöte im Naturzusammenhang (die unsere Sinne also direkt ansprechen) noch solches zu tun, für notwendig zu erkennen, was nicht so offensichtlich ist (unsere Sinne nicht direkt anspricht) uns deshalb nicht direkt zu einem Tun auffordert, das heisst, nicht die Natur in uns auffordert.

Jetzt, da die Zeit ist, in der wir mit der „Fähigkeit zur Freiheit im Bewusstsein" das, was sich aus dem roten Element unseres Wesens tut, übersehen können und darum auch als eine unserer schönsten Pflichten jetzt die haben, diese Fähigkeit zu nützen und den Anteil, den unsere Güte, unsere Liebesfähigkeit an diesem roten Element hat, anzublicken, jetzt können wir uns vorstellen, was sich in der Menschheit ergeben darf, wenn wir unsere jüngste der drei grossen Gaben, die Anlage zur Freiheit im Bewusstsein, so verwenden, um – ja, die höchste unserer seelischen Fähigkeiten – die Liebesfähigkeit nicht nur gefühlsmässig und unbewusst eben als Anteil jenes Elements auswirken zu lassen, sondern die Liebe, diese gleichen Liebeskräfte ebenso in Innigkeit zu benützen zur Hingabe an die Erkenntnisse.

Es bleibt nichts Schöneres und Grösseres zu tun als dies, damit die Liebe das erwirken kann, was sie erwirken möchte.

Doch weil wir dieses nur tun können, indem wir mehr und mehr den ganzen Lebensumfang betrachten, das Leben rückerinnernd Umschau halten, das Unterscheidungsvermögen schulen, in dem wir uns in diesem roten Element nicht ergehen, ohne das Licht bewussten Seins hinein zu strahlen, darum eröffnet uns das Abbild unserer inneren Eigenschaften und Wirkungsmöglichkeiten, das rote Banner mit dem Weissen Kreuz, eine ganze Welt.

Unsere Zeit, die Zeit der Fähigkeit zur Freiheit im Bewusstsein, ist erst so recht die Zeit, in welcher wir „Das Weisse Kreuz im roten Feld" als Schild und Wappen nehmen können, für unser Denken und für unser Tun.

Um mehr doch auszudrücken, was sich konkret ergeben kann, was mit der Erkenntnis von der Natur und von den Wesen unserer Liebesfähigkeit (der Menschenliebe, Nächstenliebe) gemeint ist, wollen wir noch ein Beispiel aus der Praxis des Lebens näher betrachten und dafür nochmals „das Rote Kreuz" und dessen Institution oder Lebensbereich anschauen.

Nachdem Henry Dunant seine Schrift „Erinnerung an Salferino" herausgab (1862), durch welche die Welt aufmerksam wurde auf die Notwendigkeit von Hilfsorganisationen in Kriegsfällen, bildete er, vier Monate später, mit vier hochherzigen Männern von kriegsfachlichem, organisatorischem und medizinischem Wissen (worunter der auch durch sein menschliches Wirken bekannte General Dufour) ein Komitee, das dann die Grundlage schuf für die gewaltige Organisation sowohl als auch für die internationale Genfer Konvention unter dem Zeichen des Roten Kreuzes. (Heute stehen wir grösseren Schrecknissen gegenüber als damals nach der Schlacht von Solferino, welche zur Gründung des Roten Kreuzes führte. Heute würde man aufhören, ein Rotes Kreuz zu gründen angesichts der zukünftigen Schrecknisse. Heute müssen wir etwas höchst anderes ins Leben stellen vor der Katastrophe.) Dieses Zeichen des Roten Kreuzes wurde gewählt zur Ehrung des Initianten jenes Werkes, des Schweizers H. Dunant, und entstand durch Vertauschung der Farben eines Landesabzeichens, durch Umkehrung der Farbfolgen vom weissen Kreuz im roten Feld.

Das Rote Kreuz erweiterte sich wie erwähnt zu einem Hilfswerk gegenüber Kranken, Invaliden, Verunglückten, auch in Friedenszeiten. In einer mächtigen Zahl Samaritervereinen und Samariterposten auf der ganzen Erde wird von selbstlosen Menschen hilfespendend und notlindernd unter diesem Zeichen gearbeitet.

Wenn schon damals (im Jahr 1854) bei der Lazarett-Tätigkeit der als erste Rotkreuz-Schwester angesprochenen Frau konstatiert wurde, dass bei den Kriegsverletzten durch die organisierte Hilfe die Todesfälle von 60% auf 20% herunter gingen, so dürfen wir heute, bei den erhöhten Kenntnissen und Fähigkeiten in der medizinischen Wissenschaft, in operativen, aseptischen Gebieten usw., schätzungsweise wohl zu Recht behaupten, dass diese Zahl auf 10%, wenn nicht gar auf 5% herunter geht (d.h. herunter ginge, eine der früheren ähnlichen Kriegsführung vorausgesetzt). Das will nun sagen, dass durch diese wunderbaren Organisationen die Todesfälle der Verwundeten in den Kriegen so ungefähr um 5/6, also um 80 oder mehr Prozent vermindert werden (respektive würden), ganz abgesehen davon, dass die Leiden der Sterbenden und der am Leben Erhaltenen auch gelindert werden, und die Verstümmelten mit weniger grossen Invaliditäten davon kommen können. Wir müssen wirklich bewundernd auf diese Tatsache sehen und ehrfurchtsvoll die Menschenliebe des Schöpfers dieser nie mehr wegzudenkenden Institution erkennen und ihrer gedenken.

Und wir müssen auch daran denken, dass durch diese Institution nicht 1% der Verwundungen weniger entsteht. Wir müssen uns bewusst sein, dass die Bemühungen um den Frieden, in denen sich auch das Rote Kreuz betätigt, nicht etwas von dem fruchten, was in ihnen erstrebt wird, und uns bewusst sein, warum sie auch nichts fruchten können, ja dass trotz des Roten Kreuzes und neben ihm andere Institutionen sich bilden, unter denen Kriege viel grössere Ausdehnung und viel verheerendere Wirkungen erzielen. Es gibt in kurzen Kriegszeiten mehr Tote, als es früher in langen Kriegsjahren gab.

Das ist es ja eben: Wohl sind die Hilfsmöglichkeiten, die Organisationen in ihnen so viel grösser, die Wissenschaften fähiger. Doch fähiger ist auch der kriegstechnische Erfindungsgeist. Die Zerstörungsmöglichkeiten, die Verletzungsarten sind weitaus mannigfaltiger. Die vorgenannten und so günstig scheinenden Berechnungsresultate, Verminderung der Todesfälle, sind falsch, denn sie verwandeln sich ins Gegenteil. Was kommt heute im Krieg nicht alles an Zerstörungen dazu, was alle Schleusen der Dämonien ungehindert öffnet?

Deutlicher: Was kam nicht an Zerstörung moralischen menschlichen Denkens dazu; „Verminderung der Menschlichkeit" oder welch eine nie und nirgends vorstellbar gewesene Vermehrung der Unmenschlichkeit?

Es tönt absurd, das Folgende auszusprechen:

Man sollte heute glauben, oder einsehen, dass durch das Rote Kreuz, dass durch die Umkehrung vom Weissen Kreuz im roten Feld, solche Verhältnisse heraufbeschworen werden, damit es möglichst viel zu schaffen habe. Es ist ja nicht ganz falsch, es ist ja wirklich die Umkehrung vom richtigen Symbol, und da soll nichts verkehrt gehen? Weil es da ist, kann man viel unbekümmerter darauf los kriegen. Es wird ja dann wunderbare Hilfe geleistet. Man sorgt in Friedenszeiten schon dafür, dass es im Krieg stark sei. Und man weiss doch, dass wenn in anderen Gebieten Hilfe geleistet wird, beispielsweise durch den Staat in der Landwirtschaft, dort nicht die Verantwortungstragkräfte gesteigert werden, sondern die Hilfswerke laufend mehr zu tun haben und immer mehr als ganz selbstverständlich (man verlässt sich auf sie) beansprucht werden müssen.

Wir wissen, dass es heute nur bedingt darauf ankommt, dass möglichst gute Hilfe geleistet werde, doch unbedingt, dass Kräfte gestärkt, Kräfte gebildet werden im Menschen, die ihn befähigen, sich anders, sich aus Neuerkenntnissen zu leiten, damit dann Hilfe nicht mehr so nötig sein muss, dass er sich werde selber helfen können. Dies wurde früher schon als ein Höhepunkt der Einsicht und Lebenswirksamkeit Pestalozzis im Ersten Ereignis erwähnt.

Wir müssen aber mehr und mehr merken, dass es darauf ankommt, zu wissen, wie diese Kräfte denn entwickelt werden.

Durch das Rote Kreuz wird nichts Neues erzeugt im Menschen. Es werden in ihm keine Kräfte, keine Erkenntnisse entwickelt, auf dass weniger Unglück, weniger Leiden entstünden. Diese kehren immer wieder, und vermehrt, auf neue Arten entgegen aller Absicht, uns überraschend und wider Erwarten.

Die so sehr grossen Helferkräfte, Mitleids-, Liebeskräfte im Roten Kreuz ergiessen sich in die Menschheit wie in ein ungeheures Fass ohne Boden.

Warum? Wieso?

Beschauen wir noch einmal, wie das Rote Kreuz zu seinem Abzeichen gelangte. Man griff danach, indem man die Farben des Wappens des Schweizers Henry

Dunant vertauschte; es wurde gewählt aus edlen Gründen, in bestgemeinter Absicht, aber in einer Ahnungslosigkeit ohnegleichen, indem die Form eines Zeichens anderen Sinns belassen, die Farben aber willkürlich umgekehrt wurden. Kein Mensch ahnte die Tragik.

Wohl sagt es auch etwas, und das ist Folgendes:

Im ausgedehnten leblosen Weiss – wäre die Fahne ganz weiss, würde das im Krieg heissen: Ich ergebe mich, gebe mich auf, gebe das Kriegführen auf, wir kämpfen nicht mehr, legen die Waffen nieder. In solch ausgedehntem weissen Tuch also steht ein kleines Kreuz und will in dieser Form die rote Farbe, das Leben, noch auf diesem Fleck, in dieser Barmherzigkeitsart erhalten.

Haben wir es, das rote Kreuz, vor Augen, so werden wir geführt, das zu vollziehen, was in die Bestimmung dieser Organisation gelegt ist, beispielsweise die verletzten feindlichen Krieger gerade so zu ehren, zu achten und zu pflegen wie die eigenen, auch das feindliche Leben zu erhalten. Es liegt eine tiefe Kultur in dieser Achtung.

Haben wir hingegen das Wappen „Das Weisse Kreuz im roten Feld" vor Augen, so werden wir geführt, das zu vollbringen, was es als Sprache, was sich durch es als Wort ausdrückt, also, nur als ein Beispiel, in das Element unseres Wünschens und Wollens und Fühlens Beobachtungen hinein zu setzen und dieses Naturelement des Wünschens, Wollens, Fühlens, das uns ja jede Minute beeinflusst und das die Ursache von allem Tun und Leiden und allen Kriegen ist, mit Gedanken zu durchdringen, mit Gedanken, die aus dem Fühlen und Wollen allein nicht, niemals, entstanden waren. Das „Rote Kreuz" dringt nicht zu den Ursachen der Leiden, verändert nicht und muss belassen die Vernichtungsmächte, aber dringt unerschrocken, mutig vor zum Herd, zum Ort ihrer Auswirkungen. Im Gebiet seines Rahmens ist Gebot, das Mitempfinden und die Liebeskräfte leidenschaftslos ohne Sympathie und Antipathie, ohne Unterschied für alle helfend einzusetzen. Ausserhalb seines Rahmens kann es nicht die Leidenschaften, die Gefühlselemente verändern, dass weniger Wunden entstehen. Die Wunden werden von liebenden Händen gepflegt, von furchtlosen, selbstlosen Menschen besorgt – eventuell geheilt. Wir dürfen sagen, das Rote Kreuz ist das grösste, wunderbarste, aber auch tragischste Hilfswerk, Flickwerk, das es auf der Erde gibt.

Durch krassestes, zum Himmel rufendes Leid wurde jenes Liebeswerk ins Leben gerufen. Wir sehen, dass es heute, bei den zunehmenden Vernichtungskräften, darauf ankommt, den Mächten der Vernichtung auf eine richtige Weise selbst entgegen zu treten, und nicht nur so aufopfernd hinzueilen zu den Löchern, die sie gerissen haben. Kein denkender Mensch kann sein Gewissen und Herz und seine tätige Menschenliebe damit befriedigen, dass er im Roten Kreuz nur tätig ist und dort nur beisteuert.

Aus dieser obigen Darstellung wird ermöglicht, dass uns durch das Rote Kreuz besonders zwei bedeutende Umstände oder Verhältnisse offenbar werden.

Wir sehen einerseits die Segnungen der Liebeskräfte, die ungeheure Ausdehnung von diesen Kräften, und wir verspüren aus den Grenzen anderseits, dass ausser ihm noch die Notwendigkeit zu etwas anderem, ebenso Weltumspannendem eindeutig jetzt und folgerichtig hervor gerufen wird.

Wir erhalten also einerseits eine tiefe Überzeugung, dass mächtige Liebeskräfte wirklich und wirkend auf der Erde da sind, und es formt sich uns anderseits eine ebenso tief dringende Überzeugung oder Sicherheit, dass wir mit solch starken, gleichen Liebesfähigkeiten vermögen, bei einer Schulung, in die Mächte der Vernichtung mit wirklichen, wirkenden Gedanken hinein zu dringen, nicht nur mit idealen, doch mit solch realen, die nicht nur aus dem Wünschen und Hoffen, dem physisch-seelischen Element allein geboren werden.

So können wir also als die Hauptwerte vom Roten Kreuz für unsere Erkenntnis hier ersehen: Durch die Tatsache seiner mächtigen Verbreitung ermöglicht es, dass die Überzeugung von dem Vorhandensein grosser Güte und Liebeskräfte im Menschen ein lebendiges Erlebnis werde. Und zweitens, als Hauptsache, wird ihm zu verdanken sein, dass es, wie als vorbereitende Stufe, Mitursache sein kann, dass das echte, ursprüngliche Abzeichen, das ihm zum Vorbild diente, aber auf unbedachte, willkürliche Art umgekehrt wurde: „Das Weisse Kreuz im roten Feld" seine eigentliche Bedeutung erlange; dass es Wappen, Ausdruck werde dem Menschen von seinem Wesen, dass es spreche zu den Menschen von ihnen selbst, von ihrer Natur, von den Instinkt- und Triebkräften, dem roten Element und von dem Licht darum, in tragender, in aufgerichteter Form; dass dieses Zeichen Wort werde. Denn heute kommt es auf das Wort an, das Wort, das sich in jedem selbst bildet. Und alle Menschen haben Anrecht auf das Wort.

So wie dort alle Menschen, Freund und Feind, ob fremder oder eigener Nation, ein gleiches Anrecht haben auf die Hilfe (in den vollziehenden Zerstörungsmächten), so haben alle Anrecht auch auf das, was ihnen hilft zur Einsicht in ihr eigenes Menschsein, bevor die Mächte der Zerstörung wirken, zur Einsicht in die Ursache und den Herd ihrer allergrössten Nöte und Leiden.

Es ist ein grösseres Glück, wenn dieses Abbild von des Menschenwesens, das Bild vom Kreuz im roten Feld, zu allen sprechen darf, zu vielen spricht, als wenn es nur als Wappen eines Landes zur Einheit mahnt und farbenfröhlich leuchtet, nicht voll gewürdigt und in nichts verstanden.

Dass ihm als nationalem Zeichen nichts abgehe, wenn es auch über seine kleinen Landesgrenzen hinaus den Menschen, den Mitmenschen mehr ausspreche als das, was es uns so gewohnterweise sagt oder verbirgt, das liegt in seiner ihm eigenen Würde; und es wird Wege geben, dass ein jeder ängstliche Bewahrer des alten Sinnes nichts zu fürchten braucht.

Das, was das Bild besagt, das, was das „Weisse Kreuz im roten Feld" des Mehreren und Besonderen uns als Erkenntnis öffnet, das nehme hier den Platz ein als ein siebentes Ereignis.

Von diesem will ich im nächsten Abschnitt schreiben, es soll der letzte sein.

XIV.

Bevor ich mich mit dem befasse, was ich als **Siebtes Ereignis** bezeichne, möchte ich noch einmal hinweisen auf das bedeutende Werk „Vom Mythus zur Idee der Schweiz", in welchem C. Engler-Faye schon im Vorwort schreibt, dass „bisher unveränderlich und unantastbar gewähnte Dauersituationen des historischen Gewohnheitsbefindens von neuen Tatsachen des Zeitgeschehens als gegenstandslos erledigt worden seien, dass festgeglaubte Positionen auf allen Gebieten des Lebens erschüttert auf dem Punkte stehen, als unhaltbar aufgegeben zu werden ..."; dass darum „alle überkommenen und übernommenen Zustände und Beschaffenheiten des bürgerlichen Zeitalters der Prüfung und Probe, der Sichtung und Richtung unterliegen, wenn auch manche Zeitgenossen aus Trägheit oder Beharrungssucht, auch aus Furcht noch immer meinen, weiterhin sich ausweglos in abwegiger Sackgasse ausgefahrener Geleise bewegen zu können ..."

Siebtes Ereignis

Wir wollen die Überzeugung, die Gewissheit, dass starke Liebeskräfte, dass grosse Kräfte der Menschenliebe, der Nächstenliebe im Wesen des Menschen eingeboren sind, tief bewahren. Wenn wir bedenken, wie viel grösser die Zahl der Menschen ist, die diese Kräfte im Alltag, in ihrer Arbeit ihren Nächsten gegenüber täglich ausüben, ohne in Hilfsorganisationen, Wohltätigkeits- oder anderen solchen Vereinen zu sein, gegenüber der schon so grossen Zahl derer, die sich in solchen Vereinen zusammenschliessen, so wird das Bild von dem Umfang (dem Bestand) dieser Kräfte noch viel realer und mächtiger.

Ja, das Bild dieser Kräfte, wir haben es zum Teil im roten Feld, im Wappen mit dem Rot. Man missverstehe nicht, zum Teil ja nur; und das, dass uns ein lebendiges Empfinden, ein wirkliches Gefühl erstehe von diesem Rot als Ausdruck dieser hohen Helferkräfte, Liebeskräfte, das wollen wir uns in diesen nächsten Seiten noch erarbeiten. Vorläufig achte man nur dies: Im Grunde ist dieses Rot ja Abbild von der Leidenschaft und der Aktivität, in gutem und in bösem Sinne, die als Naturablauf von selber schiesst, wenn ein nur sinnfälliges Denken, das nur das „Nächstliegende" umfasst, hineinspielt. Der höchste, edelste Ausdruck von diesem Rot (Aufhaltung und Abschwächung des Lichts, durch Hinderung des Lichts, ausserdem ist es ja auch noch Ausdruck von anderen Eigenschaften, anderen Seelenkräften), das, was es als Höchstes abbildet, ist ein Seelisches, das entflammende Empfindungselement, das sich in den oben genannten Kräften zeigt. Wenn wir in dieses Element nicht das Licht hineinsetzen, das Licht der Erkenntnis, wenn wir diese Kräfte aus uns heraus wirken lassen, aus der Natur heraus wirken lassen, so werden sie, wie es in ihrem Wesen liegt, immer helfen wollen, und doch im Grunde nichts Neues und nichts anderes erwirken als Hilfe. Oder es werden durch diese Kräfte stets neue Menschen in die Welt geboren, damit dann diese das, was wir anfingen oder unterliessen, weiter entwickeln, (übend mehr betätigen), respektive einmal selbst erfüllen: Das Leben zu führen im Sinn und der Bestimmung des Menschen. Unendlich gross sind die Veranstaltungen der Schöpfungsmächte, damit dieses Ziel geschehe. Sie sind ja selbst die Liebesschöpfungskräfte. Sie sorgen letztlich dafür, dass immerfort der Mensch erhalten bleibe, durch Hilfeleistung und durch Neuzeugung.

Leichtfertig ist es, vom Untergang der Menschheit, vom Untergang des Abendlandes zu sprechen. Die grössten Katastrophen haben einen anderen Wert als den der Zerstörung. Doch wenn wir unsägliches Leid vermeiden wollen, die Not, den Kampf verwandeln, in andere Lebensäusserungen hineinversetzen wollen, so können wir es, denn die ganze Welt, das ganze Weltall schafft an dem Denken des Menschen und auch das ist das Schwierige für uns – an seiner Freiheit, daran, dass er die Denkkraft frei ergreife.

Die Hindernisse, dass wir das Denken nicht so ergreifen, wie es nötig ist, liegen eben in der Freiheit selbst, die uns heute zusteht. Mit ihr können wir das Denken über das Subjektive hinaus erheben, wir können es aber auch aus unseren subjektiven Eigenheiten und Naturbedürfnissen abrollen lassen, oder mit diesen subjektiven Anlagen des Wünschens und Hoffens verfärben, verfälschen, das heisst, als solches weniger oder mehr, direkt verdrängen. Die Hindernisse, das heisst die Eigenschaften, mit denen wir es fälschlich abrollen lassen, sprechen sich aus durch das rote Feld, das Abbild dieser Eigenschaften, das rote Wappen. Wir wollen diese Eigenschaften nicht mehr wiederholen, kurz nur zeigen sie sich als das von selber Drängende, das Treibende und Träge und Bequeme, das Lässige oder das Angenehme von dem Tatendrang, der uns erfüllt und füllt und keinen Raum mehr lässt.

Doch diese gleichen Eigenschaften sind auch die Hindernisse, die unsere vorhandenen Liebeskräfte das nicht erwirken lassen, über das Helfen hinaus, was sie erwirken möchten und könnten. Nur dadurch, dass wir uns die Hindernisse beleuchten, können wir sie umgehen.

So wie wir bei einem Gang in dunkler Nacht durch rohes, urwüchsiges Gebiet wir wohl die Hindernisse fühlen und ahnen ohne Licht, sie aber erst richtig zu spüren bekommen, wenn wir haften bleiben am Gestrüpp, und stets unverhältnismässig grosse Mühe haben, ihnen, die wir nicht sehen, auszuweichen, wobei wir schliesslich uns doch wieder verfangen, so geht es uns hier. Nehmen wir bei einem Gang durch das rote Element von unserer Natur, durch dieses weite rote Feld, ein Licht mit, das heisst, setzen wir Erinnerung oder Bewusstsein in es hinein, so gewähren wir die Hindernisse, die wir ohne Licht nur spüren und ahnen und stets die gleichen, ewig wiederholten Mühen brauchen, uns ihrer zu erwehren.

Wenn wir „Das Weisse Kreuz im roten Feld" ober diese Verhältnisse zu uns sprechen lassen und es hier so merkwürdig als Siebtes Ereignis aufstellen, so tun wir das, weil es erst für unsere Zeit gerechtfertigt ist. Denn erst in unserer Zeit, bei der Fähigkeit zur Freiheit im Bewusstsein, ist es möglich, uns mit dieser Fähigkeit von Vorurteilen loslösen und uns von ihnen freihalten zu können. In ihm sind quasi die Eigenschaften oder Qualitäten enthalten von dem, was sich in den 6 als Ereignisse beschriebenen Begebenheiten Inneres abspielte.

Allen jenen 6 Ereignissen liegen die Liebeskräfte zu Grunde, Liebeskräfte, die sich abtrennten von subjektiven Eigenschaften und persönlichen Rücksichtnahmen, von dem, was angenehm oder unangenehm, bequem oder unbequem war oder leicht von selber ging. Darum entsprangen ihnen wirkliche Schöpfertaten.

Aus dem, was wir als Erstes Ereignis aufgestellt haben, erhellt uns das, dass sich bei jener Persönlichkeit die schmerzvolle Erfahrung einstellte, dass seine Tätigkeit in Güte, Liebeskraft und Helferlust nicht genügte in den hilfeheischenden Zuständen. Seine tiefe Menschenliebe liess sich nicht befriedigen im Hilfeleisten. Mit ihr suchte er unermüdlich nach neuen Hilfsmöglichkeiten, und er verliess deshalb die gewohnten Anschauungen der Fürsorge, suchte die Quellen des Volksverderbens, bis er sich zur Anschauung der Gesamt-Menschennatur durchringen und aus diesem seinem Schauen seine schöpferischen, und heilenden Liebesworte und Liebeswerke den Menschen geben konnte: vorwiegend die neuen (wie befolgten?) Erziehungsimpulse. Er brauchte also seine Liebe dazu, das Unbequeme, das Verlassen seines gewohnten Denkens und seiner langgeübten Fähigkeiten und Methoden nicht zu scheuen, und der Sache zulieb, den Kindern zulieb, den Menschen und dem Vaterland zulieb, sich zu objektiven, ursächlichen Erziehungserfordernissen denkend hin zu mühen.

Ausser dem Helfen und über das Helfen hinaus verwendete er gerade seine Liebe dazu, seiner Sehnsucht zu helfen, nicht mehr als höchstem Ziel nachzugeben, sondern den in den Menschen veranlagten hohen, göttlichen Möglichkeiten zum Wachstum zu verhelfen, damit sie sich selber helfen können:

„Vaterland! Dein kleines Schwert ist das allergeringste von allen den Mitteln, die in deiner Hand liegen, deinem Volk Gutes zu tun. Vaterland! Lehre deinen Knaben nicht dieses Mittel für das höchste achten. Es könnte zu hoch geachtet leicht in ein Mittel ausarten, das alte wesentlich Gute, das du heute bedarfst, in dir zu paralysieren und in einen Zustand der Lähmung zu versetzen. Nein, Vaterland, nicht das Schwert – nein! nein! Licht! Licht über dich selbst, tiefe Erkenntnis der Übel, die gegen dich selbst in dir selbst liegen, Erkenntnis des wahren Zustandes deiner selbst, das ist, was dir Not tut."

Ich möchte hier auf das frühere Zitat hinweisen, von wo obiger Ausdruck Pestalozzis wiederholt ist und wo die Fortsetzung auf jener ganzen Seite ist.

Aus dem **Zweiten Ereignis** soll uns Kenntnis kommen vom Wirken der Schicksalsmächte, von dem wir eine Gewissheit nur erhalten, wenn wir das Denken nicht aus unserem Wesen nur bequem von selbst abrollen lassen, sondern in Ehrfurcht grosse Überblicke üben. In den äusseren Geschehnissen der beginnenden Schweizergeschichte verbergen sich Absichten höheren Ursprungs, verbergen sich Schicksalsfügungen. Die stetigen Siege der Schweizer sind rational gar nicht begründet. Verstand und Logik können sie nicht erklären. Die Hintergründigkeit, dass die Schweiz erhalten bleiben musste, müssen wir darin erkennen, dass das ihr damals geschenkte Banner errettet werden musste bis zu einem Zeitpunkt, in dem es seiner eigentlichen Bedeutung zugeführt werde. Denn dadurch nur, dass ihre Bewohner der Ausdruckssprache ihres Landesabzeichens innewerden und mit ihr leben, wird ihr Banner in die Zukunft hinein noch berechtigt sein und Bestand haben. Durch anderes nicht, nicht durch die Waffen und nicht durch die vielen, vielen Millionen, die diese neuen Waffen kosten. Hohe menschliche Eigenschaften, aufgrund derer wir da sind, nicht unsertwegen, und Schicksalsbestimmungen zeugten übermenschlich scheinende Taten, die zur Erhaltung des Landes und damit des Banners beitrugen. Einige solche Taten sind, herausgegriffen, als die folgenden Ereignisse dargestellt.

Die als Drittes Ereignis beschriebene Tat, bei Sempach, in den Fehden gegen die „Herren", hätte nicht aus einem natürlichen Empfinden und vitalen Element von selbst entspringen können. Sie zeigt uns, dass die Liebeskraft sich erheben kann über das sinnfällig natürliche Tun im roten Element von uns; und sie zeigt uns, dass ein solches Ereignis nicht als etwas Übermenschliches und nur Opfervolles zu bezeichnen ist, sondern als etwas Sinnvolles: Erfüllung des Menschensinnes. Es würde in diesem Ereignis schon der Versuch unternommen, die Lückenbildung in der „mörderischen Front" aller Länder mehr als nur symbolisch oder bildlich für die heutige Zeit als dringend aufzuzeigen.

Im Vierten Ereignis sehen wir, dass es ein Richtiges ist, ohne Spekulation und Ängste im Sinn der Liebe zu handeln, wie es an der Stelle, wo man steht, gegeben ist, ohne Rücksicht auf sich selbst, auch eigenen Schaden oder eigenen Nachteil nicht fürchtend. Es ist das

Ereignis, in welchem die Solothurner die ins Wasser gestürzten Feinde erretteten, verpflegten und ins feindliche Lager zurückschickten. Es steht dieses Geschehen als Beispiel da, wie die gesunde Realisierung der Dreigliederung im Sozialen segensvoll wirken kann. Geistesleben (moralische Gerechtigkeit) und Wirtschaftsleben (Brüderlichkeit), unabhängig vom politischen Leben.

Wie im Dritten so zeigt sich auch eine Handlung im Fünften Ereignis impulsiert durch eine Liebeskraft, mit welcher sich entgegen jedem natürlichen Instinkt und Selbsterhaltungstrieb ein Bewusstsein einstellte, das Bewusstsein aufgerichtet wurde, in der Situation der sich vernichten wollenden Brüderschaften (Schultheiss Wengi).

Im Sechsten Ereignis ist dargestellt, wie als Kristallisation allen politischen Geschehens, was im Staatsleben sich begeben kann, wenn die Liebeskräfte der Menschen mit geistigen Zielen zu Hilfe gerufen werden in politischen Nöten. Es ist dies ein deutliches Beispiel für eine Gliederung der menschlich-sozialen Fähigkeiten (Arbeitsgebiete) in selbstständig strebende Bereiche, wo einer der errungenen Erkenntnis des anderen wieder teilhaftig wird, zum Segen, ja zum Fortbestand des ganzen sozialen Organismus (Niklaus von der Flüh).

Durch die reinen, vom Subjektiven befreiten Liebeskräfte kamen Wunder zustande unter äusserst schwierigen Umständen. Man kann sich vorstellen, dass durch den Umfang dieser unserer Kräfte, wenn sich diese heute durch ein tätiges Denken befreien, es bei den viel weniger drastischen Momenten des laufenden Alltags viel leichter ist, schöpferisch Positives, dem Sinn und der Bestimmung des Menschen Gemässes zu erwirken. Man kann aber auch einwenden, die Taten in jenen Ereignissen seien wenig Beispiel für unsere Zeit; denn die Sinnfälligkeit jener äussersten Nöte begünstigte die Entzündung der Liebe zu Handlungen in ihnen, im Gegensatz zu der nicht so starken Sinnfälligkeit der Geschehnisse in unserem heutigen normalen Alltag; und es handle sich doch darum, in diesen gesundend einzugreifen. Gewiss handelt es sich darum, und gewiss sind die Zustände jetzt nicht so schreiend sinnfällig, wenn wir nicht gerade auf vorerst noch entfernte Kriegsherde schauen oder zurückblicken auf solche in so naher Vergangenheit – aber die Nöte sind deshalb nicht geringer. Sie sind ja unvergleichbar allgemeiner, grösser und überall drohend.

Aber das ist es ja eben, wenn wir nur mit einem Bruchteil der Anstrengungen, die wir in technische Gebiete, in wirtschaftliche Erwehrungen, in soziale Bestrebungen setzen, unser eigenes Wesen beleuchten und darin die nicht menschlichen, dem roten Element angehörenden Drängungen und Bequemlichkeiten erschauen, dann würden unsere Sinne geschärft. Das, was uns als nicht sinnfällig in Ruhe lässt, das würde uns so sinnfällig, und das Sinnfällige aber, weil undurchschaubar, von uns Abgleitende oder Fortgeschobene, das würden wir so durchschauen, dass wir nicht mehr so ruhig auf den Stühlen (oder zwischen Stühlen und Bänken) verharren könnten, wie wir es jetzt doch tun. Dann würden wir genug Anlass haben, die heutigen Zustände als Nötigung oder Begünstigung zu empfinden, um unsere Liebe entflammen zu lassen zur Aufrichtung eines Bewusstseins, wie es zum Teil in jenen Tagen geschah, immer in Hinblick auf die Tragik und Not, die uns natürlicherweise und, man darf sagen, gerechterweise bevorsteht, wenn wir das Bewusstsein nicht im Alltag, jeder Zeit, in uns aufrichten.

In unserem Unterbewusstsein tragen wir alle die Empfindung, dass die Liebeskräfte etwas Höchstes sind. Wir spüren, dass es auf diese schöpferischen Kräfte ankommt. Wenn wir uns aber neben uns selber stellen würden und so, wie als andere uns selbst betrachteten, dann sehen wir schon, dass das rote Element in uns einen Anteil an diesen Liebeskräften hat. Denn wie verwenden wir sie? Sie gehen den Weg unserer Hoffnungen und Wünsche. Wir lassen sie meist ganz traumhaft schiessen, wie es uns gefällt und schnell befriedigt. Wir genügen uns an den Liebestaten, verfolgen nicht weiter die Ursachen der Nöte, wir haben ja unseren Teil getan. Und das ist das Gefährliche an ihnen. Eine Tat, die als etwas Neues dasteht, das früher nicht da war und jetzt da ist, das, so fühlen wir es, ist doch etwas. Wir können nicht darum herum. Und wenn eine solche Tat erst noch aus unseren Liebesempfindungen entströmt, so sehen wir nicht nur das Resultat, das jetzt da ist und früher nicht da war, sondern spüren noch unsere Empfindungen und Herzensregungen dazu und sind noch mehr von ihrem Wert überzeugt. Es ist doch edel und gut, was wir da fühlen. Ausserhalb des eigenen Gefühls stehend, sehen wir eine Sache, wie sie ist und was in ihr nicht ist, in Gefühl selbst schwingend, fühlen wir die Schwingungen, und wenn sie eben gut sind, so gilt das halt, wir kommen nicht darum herum, denn man fühlt sie doch. Und so ist eine Art Güte und Menschenfreundlichkeit etwas, ja hauptsächlich Gefährliches heute in der Menschheit, besonders solche, die sich ausbreitet in gewissen Instituten oder Unterrichtseinrichtungen, in denen man sich aus den Herzensschwingungen betätigt und vertut. Die Gefühle werden gesteigert, das Sentimentale, nicht aber Erkenntnisse. Man schafft in ihnen aus der Herzensgüte, der Menschenfreundlichkeit, ist so von dem direkten Ausleben in den edlen Antrieben eingenommen, ist in diesen eingewickelt, aufgehoben, dass, um Ursächliches zu erforschen, weder Zeit noch Raum frei bleiben. Was sich aus ihnen direkt zeitigt, es ist, wie man eben sagt, doch herzvoll und gut. Wir können nichts dagegen einwenden, denn es ist eben gut und edel. Weh dem, der solche Einrichtungen anzutasten, das heisst richtig anzuschauen, mit dem Namen zu benennen wagt. Gerade diese Pflegestätten sind Pflanzstätten des so unauffälligen „Gestrüpps", über das wir so schwer hinauskommen. Es werden in ihnen keine Fähigkeiten erzeugt, keine Kräfte entwickelt. Wohl aber „gefühlsvolle" Menschen, und nicht etwas von dem Ganzmenschlichen, das heute nötig ist.

Es gibt grosse Erkenntnisse, die für unsere Zeit zur Not-Wende werden können, es gibt wunderbare Ideen, aber wir sind nicht vorbereitet dazu, wir sind zu spiessig, zu verschlafen, durch Erziehung und Gewohnheit verantwortungslos geworden – uns wegen Teilnahmslosigkeit unschuldig fühlend. Somit ist die Zahl der Menschen noch zu klein, dass diese Ideen aufgenommen werden können. Wie könnten die Erkenntnisse z.B. von der Notwendigkeit der „Dreigliederung des sozialen Organismus" (des selbstständigen Wirtschaftslebens, des auf sich beruhenden politischen oder Rechtslebens, des freien Geisteslebens und die gegenseitige Durchdringung derselben), wie könnte die Erkenntnis dieser Notwendigkeit Eingang finden in den Menschen, wenn

die Menschen, die sie aufnehmen sollen, durch Nichtbe-
folgung dieser organisch-sozialen Grunderfordernisse
so unterrichtet werden, dass sie unaufnahmefähig gemacht werden dafür? Wie könnte der Dreigliederungs-
Gedanke ins praktische Leben fruchten, wenn die Menschen schon von frühster Jugend an so „erzogen" und
(trotz bestgemeinter Absichten) verbogen werden, dass
sie gar nicht mehr eine Begeisterungsfähigkeit für diese
erhalten (Begeisterungsfähigkeit für Gebiete, die nicht
das physisch-seelische Element direkt nur angehen), da
sie gar nicht erwärmt werden können für geistige Rea-
litäten, für Urphänomene, für die nicht so sinnfälligen
Mächte, die alles treiben und bewegen?!

Wenn wir die Liebeskräfte, denen wir unterbewusst
eine so grosse Rolle geben, verwenden, um uns gleich
mit Taten und Gefühlen auszufüllen, so können wir nicht
mehr unsere Gefühle durch Anschauung ausserhalb
von unseren Gefühlen stehenden grossen Lebenstatsachen verstärken und vertiefen und dadurch das Denken
aktivieren und konkretisieren, in konkrete Gebiete,
zu den Wurzeln der Dinge hintragen. Von den Seelen-
schwingungen besetzt, gedankenlos, ergeben wir uns
dem Genuss des Gefühls, ausgelöst auch etwa durch das
angenehm betäubende Gift Moralin. Wir verwenden
dann die Liebesfähigkeit, die Menschenliebe, Helferlie-
be, um die Instinkte, die Kämpfe, die Kriege unterdrük-
ken zu wollen, indem wir dabei selbst aus den Instinkten schaffen. Doch diese erkennen wir nicht als solche,
vor lauter Wohlgefühl dessen, was wir erstreben. Es ist
doch etwas so Edles, so Gutes.

Wenn wir uns über die Gefühlsregungen in jenen Liebesfähigkeiten so langatmig aufhalten, so geschieht dies,

weil wir einerseits ihre Segnungen so hoch einschätzen und anderseits ihre Grenzen für die menschliche Entwicklung, ihren Unsegen als gefahrvoller und hinterhältiger erkennen als den der Geschütze. Denn diese donnern doch, und ihre Zerstörungen sind augenfällig; während dort bei einer Seite der Herzensgüte und Menschenliebeskräfte wir höchstens verdonnert werden, wenn wir ihre Gefahren wahrnehmen. In diesen und jenen, in beiden kann das Bewusstsein gleicherweise verunmöglicht, verdrängt werden, in diesen gewollten Gewaltmächten und in jenen edlen Herzenskräften.

Wenn wir das volle Rot als Abbild von den Affekten, Trieben, Leidenschaften nehmen und glauben, die Liebesfähigkeit, die im Helfen liegt, die Herzensgüte richtiger ausgedrückt zu finden mit einem dünnen Hauch nur dieser Farbe, so ist es doch so, dass die Leidenschaften ein Gemeinsames haben mit den Liebes- und Herzenskräften, und zwar in der Gefahr, die sie bergen – Gefahr der Bewusstseins verhindernden Aktivität, darum ist so wie für jene (die Leidenschaft) auch für diese (die Herzensgüte) die Farbe „Rot als Wappen" das uns anrufende, mächtige und das richtige Abbild.

Wenn wir die Menschenliebeskräfte aber gleichermassen verwenden für die Erkenntnisse im Allgemeinen und für die Erkenntnisse des Wesens ihrer selbst, dann werden wir in einer Verantwortung uns dem Kämpfen, Kriegen, Nöten gegenüber anders verhalten.

Es ist schon ein besseres Unterbewusstsein bei denen, die sagen: Man kann die Kämpfe, Kriege, Schmerzen nie abschaffen. Denn es ist richtig, wenn sie so sagen. Es geht nun wirklich darum, diese Tatsache, dass Kampf immer sein muss, bejahend einzusehen und die

Ursache des äusseren Kampfes, eine Folgeerscheinung, in den Elementen der eigenen Seele zu erkennen und den Kampf in seine eigene Menschenseele hineinzutragen. Es ist unbequem, diese Elemente zu erkennen. Den Widrigkeiten unserer eigenen Natur erkennend entgegenzustehen, bringt Mühen, Nöte und Schmerzen. Dazu braucht es die gleiche Opferfreudigkeit, den gleichen Mut, den wir auch aussen brauchen; um in äusseren Kämpfen standzuhalten; es braucht dazu den gleichen Mut, wie wir ihn aus Notwendigkeit aussen brauchen müssen, solang und weil wir nicht aus Freiheit diesen Mut und diese Opferfreudigkeit so viel sinnvoller brauchen wollen, den Kampf in unserer Natur auszutragen.

Alle die Liebeskräfte und Tapferkeiten, die wir aussen zu einem Schutz, zu einer Abwehr und Verteidigung und Heilung benützen aus der Notwendigkeit der äusseren Geschehnisse, womit doch nichts verbessert, der Mensch nicht gewandelt und ihm als solchem nichts genützt wird – diese Liebeskräfte und Tapferkeiten können wir in der eigenen Seele verwenden.

Das ist dann diese Liebeskraft, die nicht aus sich selbst schiesst; das ist die schöpferische, die weisheitsvolle, die wahre Liebeskraft, die einen selbst zum Menschen macht und auch andere mehr zu Menschen werden lässt; und die erwirkt, dass die wunderbaren, vorhandenen Ideen, die ordnend und liebend in die Weltgeschehnisse eingreifen können, von den Menschen aufgenommen werden können.

Es gibt wunderbare Geisterkenntnisse, es gibt Erkenntnisse zu wahrer, sozialer Hilfe für unsere Zeit, für unsere Zeitnot, und zur Not-Wende, es gibt Erkenntnisse zu wahrer Bildung der jungen Menschen zu einem fähigen Menschengeschlecht, und zu wahrer Hilfe für die Älteren und Eltern, dass sie sich selber und dadurch ihren Kindern mehr, und dadurch in der Not der Zeit – die eine Geistes-Not ist – helfen können.

Diejenigen, die von ihnen wissen, denken sofort an Rudolf Steiner. Doch immer ist es unbequem, von ihnen zu hören. Um sie zu vernehmen, muss man ein lieb Gewohntes in sich verlassen. Das ist schmerzvoll. Und diese, die von ihnen vernahmen und vernehmen, müssen selbst opferfreudig in ihrem eigenen Element kämpfen. Man muss es besiegen, das hindernde Element in sich. Man wird die Liebe zu den Menschen in einer Verantwortung verwenden, um das Subjektive, das einen hindert, in die Tiefe der Wirklichkeiten vorzudringen, zu überbieten. Mit diesen Liebeskräften wird man siegreich, man wird freudvoll, man wird frei.

Von diesen Liebeskräften ist uns das rote Feld mit dem Weissen Kreuz darin ein Abbild. Sie sind etwas von dem Höchsten, das uns dieses Zeichen ausdrückt, ausspricht, und das ist etwas von dem, was zu unserer Zeit als Ereignis – hier als Siebentes Ereignis beschrieben – da steht.

Das Weisse Kreuz im roten Feld, es wird uns Abbild von diesen höchsten schöpferischen Kräften, von diesen Liebeskräften.

Wenn wir in Sorgen oder Nöten sind, in Mühen, Müdigkeiten oder Zweifeln oder Verzweiflungen, uns in gewissen Momenten nicht mehr auskennen, nicht wissen, wo aus und ein, oder wenn wir uns auch nur von Schwierigkeiten geplagt fühlen, und wir betrachten dann das Bild vom Weissen Kreuz im roten Feld oder wir nehmen es in unsere Vorstellung, so geht in uns in einem

Moment – in dem Mass, wie wir schon einmal zu irgend einer Zeit etwas von seinem Ausdruck erarbeitet haben – eine Änderung vor. Wenn wir in solchen Zeiten statt in einer Apathie oder Leere zu verharren oder statt schwierigen Fragen gegenüber auszuweichen, uns machtlos fühlend, oder statt nur irgendeinem impulsiven Drang zu folgen, wenn wir in solchen Zeiten mit einem mutigen Entschluss für einen Moment das uns Bedrängende abstreifen und dieses Bild für eine halbe Minute in unsere Vorstellung oder Konzentration fassen, dann werden uns in einem Moment helfende Erkenntnisse gegenwärtig, zu denen wir uns sonst lange und immer wieder neu hin ringen müssen (ohne Gewissheit, sich hin ringen zu können), Erkenntnisse, durch welche wir als Menschen verwandelt werden, verwandelt sind. Wir werden dann im Moment, ja, mit einer Fähigkeit begabt, die richtig, die gerade für den Zeitpunkt, in welchem man diesen obigen Entschluss fasst, nötig, Not wendend ist.

Es ist dies eine Erfahrung, es geschieht dies so, ein jeder kann es nachprüfen, indem er es anstellt. Und diese Verwandlung kann er an jeder Stelle, wo er auch stehe, mit sich bewerkstelligen. Und der Kräftezuwachs und Erkenntniszuwachs und die Ruhe, die er gewinnt, die dienen ihm an jeder Stelle im Alltag und in jeder seiner Arbeit; und sie dringen in alle Gebiete des Lebens ein.

Wenn wir am Anfang dieser Schrift erklärten, etwas vom Wichtigsten, das sich heute in der Menschheit zeigen kann, sei dies: Die einem von Leben geschenkten Aufgaben zu der Zeit und an der Stelle, wo man steht, möglichst zu erfüllen, und dass es auf das Wie des Erfüllens ankomme. So sehen wir, dass es uns jeden Moment möglich ist, uns von unseren Subjektivitäten zu erheben und dadurch Erkenntnisse zu erhalten, die uns leuchten in unserem Alltag, indem wir mit neuen Fähigkeiten, als Tragende, Ertragende und im Bewusstsein uns Aufrichtende dastehen.

***

Nachlese

1) Wir gingen von dem Gedanken aus, etwas vom Wichtigsten, das zu tun sei, sei dies: Zu der Zeit und an der Stelle, wo man steht, die einem vom Schicksal gegebene Aufgabe ganz zu erfüllen als der Mensch, der man ist oder sein kann; nicht nur aus Tradition oder Veranlagung, aus beruflicher oder staatlicher Gewohnheit, nicht in Abhängigkeit von den charakterlichen Anhängseln, sondern als Mensch mit Urteilskraft und Tatkraft.

In diesem Sinn zeigte sich eine Gestalt zu Beginn der Geschichte der schweizerischen Eidgenossenschaft. Das war der auf sich selbst stehende, innerlich freie, voller Mut Hilfeleistungen und Rettungen vollführende Tell, der in Lagen, die für andere aussichtslos waren, das tat, was richtig war und wie es andere nicht tun konnten.

Nicht dass er eine Waffe, eine Armbrust trug, er war ein Jäger, war das Wesentliche bei ihm, sondern dass er als der Mensch, der er war, da stand, in dem Moment, wo er sich befand, wo er ging oder zugriff, wie es eben dann nötig war. Wenn damals gegen äussere Gewalt und äussere Freiheitseinschränkung eine Waffe etwas Selbstverständliches war, so ist heute bei Erkenntnis der Gewalt, die das Menschenwesen in Unfreiheit hält, gegen das Element der Triebe und Gefühlswallungen oder Gefühlslauheiten, gegen diese Tyrannei im Einzelnen wie in den Hohen Schulen, wo weniger nach der Notwendigkeit des Menschen gefragt wird, sondern gemäss der Lust der Denktriebe gedacht und spekuliert wird, so ist heute einleuchtend, dass gegen diese Unfreiheit oder Tyrannei nicht Waffen gebraucht werden können, sondern Einsichten, zu denen man steht als Tell. Und weil es sich heute nicht um Sein oder Nichtsein eines Landes handelt, sondern um den Menschen, und weil ein kleines Land nicht für sich allein bestehen kann, sondern abhängig ist vom Bestehen der Menschheit, darum muss man heute sagen: Die ganze Schweiz sei Tell.

2) Dass das Weisse Kreuz in das Banner der alten Eidgenossen hineingesetzt wurde, war eine Angelegenheit der Liebe. Es war ein Geschenk aus Liebe und Hochachtung jenen siegreichen Kriegern gegenüber, die mit einem Gebet in den Kampf zogen. Es war nicht eine materielle Gabe, sondern etwas, das überhaupt mit dem rationalen Denken nicht erfassbar ist. Genau so darf man sagen, das Resultat zeigt es, es war ein Liebesgeschenk der Schicksalsmächte, unbegründet, unverständlich, woraus dann zur gegebenen Zeit das Nötige entstehen kann, wie ja auch wir, wie ich, wie du ins Leben kamen, ein Geschehnis ist der Weltenführung, woraus das für die Welt Nötige (was?) geschehen soll.

In den allermeisten Geschichtsbüchern steht über die Bannergründung nichts. Man sah darin nicht eine Realität, weil sie durch das verstandesmässige Denken nicht mit einem Gewicht belegt werden konnte. Auch die Wunder der Kriegsereignisse, die jenem Geschehnis folgten, in welchem die Eidgenossen immer einer geschulten, zahlenmässig mehrfach überlegenen Gegnerschaft gegenüber siegten (wie auch Curt Englert mehrfach darlegte), können mit dem rationalen Denken niemals erfasst werden. Nur die Resultate der Geschichte lassen die geistigen Weltlenkungsabsichten erkennen. Eines der Resultate ist dieses, dass in einen Land der Erde das Weisse Kreuz im roten Feld bis zum heutigen Datum erhalten bleiben musste. Auch aus jüngsten

Geschichtsereignissen, den zwei letzten Weltkriegen, welche rings um die Schweiz tobten, dass die Denkkräfte dort teils bis zur Jetztzeit noch beschädigt blieben in den führenden Kreisen, lässt sich allerhand ausklügeln, warum die Schweiz verschont blieb; und man klügelt aus, zehnfach, zielbewusst, aus einer vorgenommenen Absicht. Das Resultat der Geschichte zeigt aber, dass das Weisse Kreuz im roten Feld noch erhalten bleiben musste, um zu gegebener Zeit seine Mission erfüllen zu können. Und wir glauben, dass diese jetzt da ist.

Wir stehen ja wirklich vor schwereren Fragen als solchen, wie sie in neuester Zeit in internationalen Konferenzen auf wirtschaftlichen und handelspolitischen Gebieten zu lösen gesucht werden. Es sind dies Bagatellen oder wären Bagatellen, wenn es nicht so sehr tragische Ausweichversuche vor den weniger bequem zu lösenden Fragen menschheitlicher Existenz wären: Nützlichkeitsunternehmungen zu internationaler Annäherung in wirtschaftlichem Gebiet und man spricht von Geistigem, plädiert für Atombewaffnung und ... das Rote Kreuz sammelt.

3) Es ist ein geistiges Gesetz, dass in einer richtig gestellten Frage die Antwort sozusagen schon ganz vorhanden ist, und zwar die eine Antwort, die richtige.

Damit eine Frage richtig gestellt sei, dafür ist gut, das Banner, das weisse Kreuz im roten Feld davor aufzupflanzen, ins Bewusstsein zu nehmen mit dem, was es als Sprache dem Geübten sagt. Somit können wir bei einem Fragenkomplex den Fragen eine richtige Form geben, statt ohne Fragen einfach Behauptungen aufzustellen nach Gutdünken und alter Meinung.

Damit sei gesagt: Wenn wir uns schwierigen Fragen gegenüber machtlos fühlen, dann kann uns das Vorhalten des Weissen Kreuzes im roten Feld vor unsere Seele eine in den Grundzügen brauchbare Antwort geben.

So kann uns in der Rüstungsfrage eine Antwort zukommen. Im Banner selbst ist schon die Antwort gezeichnet. In dem roten Feld, im Blutrot der Leidenschaft, der Erwehrung, des Zornes, der Aufwallung ist eine Lücke in Form des Weissen Kreuzes, des Tragens, Ertragens und des Denkens, des Umdenkens, das heisst des Aufgerichtetseins als Mensch.

Ich schilderte, dass man Verhältnisse, die man als gut empfindet, oft nicht objektiv beurteilen kann, weil man sie eben als gut spürt und damit seinem Willen Genüge tut. Man sieht nicht, wie ein Haus ist, wenn man nur in ihm ist. So kann es auch mit unserer Kampfbereitschaft sein. Wir empfinden sie als gut, besonders auch weil wir uns einbilden und vorschwatzen lassen, nur ihr sei das sieghafte Überstehen der zwei Weltkriege zu verdanken statt einem besonderen Schicksal mit besonderen Absichten.

Wenn wir aber das Weisse Kreuz im roten Feld vor unsere Sinne pflanzen und das Bewusstsein damit so geübt haben, wie man durch ein mathematisches Buch sich in Mathematik übt, um mit ihr zu erreichen, was man ohne sie nicht erreichen kann, dann wird unser Denken dadurch geändert, wird wacher und reicher. Man darf sagen, die Lösung in der Frage der Lückenbildung in der „waffenstarrenden mörderischen Front" aller Länder ist direkt proportional der Vorstellungsstärke oder der Bekanntschaft mit der Sprache dieses Bildes, wie die freie Auswirkung der mathematischen Kenntnisse direkt proportional sein kann der willentlichen Hingabe an die mathematische Schulung.

Wenn man das Weisse Kreuz im roten Feld nicht zu dem werden lässt, wozu es bestimmt ist, oder wenn man es nicht der Welt rettet, so wird ganz von selbst und bald das Weisse Kreuz – das geistig-sittliche Zeichen für geistige Erfordernisse – aus dem Rot entfernt, um in diesem solchen Zeichen Platz zu machen, die physisch-materielle Gegenstände darstellen für physisch-potentielle Forderungen.

Es ist unser Zeichen entstanden im Beginn der Schweizergeschichte, die mit ihren nicht verstehbaren Wundern das Resultat zeitigte, dass das Zeichen erhalten blieb bis heute zu seiner Verwirklichung für die Menschheit. Das verpflichtet uns. Das Blut aller Völker, die durch Sieg oder Niederlage zu seinem Bestand beitrugen – es ist sehr viel Blut geflossen – das verpflichtet heute.

Um dieses Zeichen besser kennenzulernen, ist es gut, die Geschichte so zu kennen, wie sie in „Vom Mythus zur Idee der Schweiz" von Curt Englert-Faye Geist erkennend beschrieben ist. Die Inhalte dieser geistigen Geschehnisse giessen sich gleichermassen in dieses Banner und werden uns Bewusstseinsinhalte. Ohne die „Idee der Schweiz" so zu kennen, können wir uns im Politischen nur irren, und ohne umzudenken, nicht mehr gutzumachende Fehler machen und den Anschluss an die Vernunft und die Aufgabe von Europas Zentrum verpassen.

Somit kann ich nicht anders, als die letzten Worte von dem erwähnten Buch auch hier am Ende zu zitieren, denn wenn wir aus jenem Buch lernen, ergibt

sich, dass wir uns in seinem Sinn zum Umdenken befähigen und leichter den Weg finden zum Denken und
Handeln im Sinn des Weissen Kreuzes im roten Feld.

„Dann wird die Eidgenossenschaft leben als ein ewig
Fortwirkendes in der Welt, selbst wenn die Schweiz je
auf dem Kartenbild Europas ausgelöscht werden sollte."

„Tell und Winkelried sind nicht nur die Gründer und
Retter der Schweiz gewesen, sie sind Wächter und Hüter
der Menschheit."

Hans Kaspar Schwarz (1891 - 1966)

Hans Kaspar Schwarz wurde 1891 in Solothurn geboren. Nach einem Architekturstudium und Arbeitsjahren als Architekt in München und Zürich wandte sich Hans Kaspar Schwarz der Malerei zu. Er absolvierte Ausbildungen an den Kunstakademien in München und Rom und verbrachte Arbeitsjahre in Krakau, Paris, Berlin und Rom. Mit seiner ersten Frau, ebenfalls Malerin, arbeitete er in Rom und Ascona, wo er um 1924 ein eigenes Atelierhaus baute. Seine zweite Frau Christine Schwarz-Thiersch beeinflusste ab 1927 sein künstlerisches Schaffen nicht unwesentlich. Die Familie wohnte ab 1942 in einem selbst entworfenen, goetheanistisch gestalteten Atelierhaus in Adliswil-Oberleimbach. Nach einer letzten schöpferischen Zeit im Künstlerhaus Boswil starb Hans Kaspar Schwarz am 6. April 1966 im Spital Muri. Das Werk von Hans Kaspar Schwarz umfasst Zeichnungen, zahlreiche Portraits in Öl oder als plastische Arbeiten in Ton, Blumenbilder, Aktkompositionen, weitläufige Schnee- und Berglandschaften, grosse Figuren- und Gruppenbilder, Aquarelle, Zeichnungen und Lithographien. In all seinen Gemälden strahlt seine tief empfundene Naturbeobachtung, die er auch in der Erhabenheit und Unnahbarkeit der Berge charakteristisch ausdrückte. Bei den Porträts war es ihm wichtig, auf den Menschen einzugehen und seine Persönlichkeit präzise zu erfassen. Über Jahrzehnte beschäftigte sich Hans Kaspar Schwarz nebst seiner künstlerischen Berufung auch mit schriftstellerischen und dichterischen Arbeiten. Er folgte damit seinem Anliegen, der Mensch habe vermehrt für das Wohl der Allgemeinheit tätig zu sein.